山东省技能型特色名校建设工程成果系列教材

公路施工安全管理与环境保护

主　编　魏道凯
副主编　杨秀生　张晓燕　陈　争
主　审　陈成勇　王同福

山东大学出版社

图书在版编目(CIP)数据

公路施工安全管理与环境保护/魏道凯主编. —济南:山东大学出版社,2015.7(2017.8 重印)
山东省技能型特色名校建设工程成果系列教材
ISBN 978-7-5607-5318-8

Ⅰ.①公… Ⅱ.①魏… Ⅲ.①道路施工－安全管理－高等学校－教材 ②道路施工－环境保护－高等学校－教材 Ⅳ.①U415.12 ②X322

中国版本图书馆 CIP 数据核字(2015)第 162835 号

责任策划:刘 彤
责任编辑:李 港
封面设计:牛 钧

出版发行:山东大学出版社
社 址 山东省济南市山大南路 20 号
邮 编 250100
电 话 市场部(0531)88364466
经 销:新华书店
印 刷:济南乾丰印刷有限公司
规 格:787 毫米×1092 毫米 1/16
9.75 印张 221 千字
版 次:2015 年 7 月第 1 版
印 次:2017 年 8 月第 2 次印刷
定 价:28.00 元

总　序

为加强对山东省内高等学校的分类指导，强化内涵和特色发展，提高人才培养质量，发挥名校带动作用，增强高等教育服务我省经济社会发展的能力，2011 年，山东省教育厅、财政厅联合组织实施了山东省高等教育名校建设工程。山东交通职业学院是山东省技能型特色名校首批立项建设单位之一，共有汽车运用技术、道路桥梁工程技术、物流管理、机械设计与制造、工程机械运用与维护、轮机工程技术 6 个专业成为省财政重点支持建设专业和工程造价、公路运输与管理、机电一体化、航海技术 4 个专业列入非省财政重点支持建设专业。

项目建设初期，学院牵头成立了山东省交通运输职业教育专业建设指导委员会，邀请省内外教育专家和行业企业的技术骨干，对名校工程 10 个专业的建设方案及任务书进行了充分论证。我院项目建设期间，各专业主动适应行业企业加快经济发展方式转变、产业结构调整和优化升级的需要，主动服务山东半岛蓝色经济区和黄河三角洲高效生态经济区两个国家战略的实施，以提高质量为核心，不断创新校企合作体制机制，大力推进人才培养模式转型，优化课程体系构建，全面提升了学校的专业建设水平和人才培养质量。

经过三年建设，10 个专业积累形成了一批紧密结合生产实际、独具行业企业特色的专业教材，成为“山东省高等教育名校建设工程”建设项目的重要成果之一，也是“课程体系构建与核心课程建设”内容的重要载体。为了该系列教材的出版，各专业多次召开教材编写会议，组织各课程负责人及参编人员认真学习领会“山东省高等教育名校建设工程”建设精神，深入行业企业进行专业调研和分析，以培养适应区域经济社会发展的高素质技能型人才和我省行业企业急需的高级技能型人才。根据各专业实际需求，重新架构、设计教材体系，以力求做到理论知识学习和职业技能训练的合二为一。

衷心希望名校工程的建设成果，能为我省交通运输主干专业建设和人才培养起到积极的推动和引导作用。

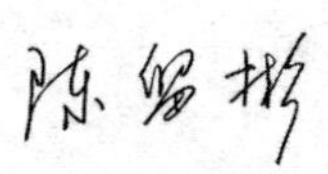

2014 年 7 月

前 言

本教材着眼于交通行业安全生产及环境保护管理岗位所需的专业能力和职业素养要求，以企业安全生产标准化体系及环境保护原则为引领，以安全生产管理制度、安全生产现场管理、公路施工安全控制措施、公路施工环境保护为主要内容。本教材既可作为高职院校道路桥梁施工技术及工程监理专业的教材，也可作为公路建设管理部门、建设单位、施工单位的相关人员在安全、环境保护管理领域的学习辅导资料或职工培训教材。

本教材共分为安全生产管理制度、安全生产现场管理、公路工程施工安全控制措施和公路施工环境保护管理四大单元。第一单元的主要任务是解决安全生产责任体系、安全生产专项费用管理、安全生产风险评估、安全生产技术管理的建立与应用，第二单元的主要任务是介绍安全生产检查、安全生产教育培训、安全事故处理、安全事故应急管理的实施及评价办法，第三单元的主要任务是解决道路、桥梁、隧道施工安全控制措施中的重点和难点问题，第四单元的主要任务是介绍交通建设对环境的影响、公路施工环境保护措施。

本教材有如下特点：

1. 紧紧围绕高等职业教育的人才培养目标，依据岗位能力要求，完善项目驱动式内容体系。正确处理知识、能力、素质辩证统一的关系，理论学习深入浅出，突出实践应用，强调素质养成。

2. 根据职业能力要求及教学目标，做到理论和实践紧密结合，通过紧跟公路施工行业安全管理和环境保护标准及要求，切实增强学生职场岗位的适应能力。

3. 教材内容突出实用性。教材所设计的具体项目都是道路运输行业安全管理及环境保护领域应用最广泛的知识，实用性强。在交通运输部工程质量监督局编制的《公路水运工程施工安全标准化指南》的基础上，结合德商高速公路德州（鲁冀界）至夏津段在安全管理方面的经验和成果编写了本教材。为了进一步拓宽学生的知识面，在每个任务结束后，还设计了知识拓展内容，供学有余力的学生学习。

本教材第一单元由山东恒建工程监理咨询有限公司高级工程师、德商高速公路总监理工程师杨秀生，山东恒建工程监理咨询有限公司安全工程师李秀贤编写，第二单元和第三单元由山东交通职业学院副教授魏道凯和陈争、张晓燕、董春晖 3 位讲师编写，第四单元由山东交通职业学院王晓平、张艳编写。全书由魏道凯担任主编，由杨秀生、张晓燕、陈争担任副主编，由陈争统稿，由德州市公路管理局德商高速项目办主任陈成勇和副主任王同福担任主审。

本书在编写过程中，编者参阅了国内外一些专家和学者的研究成果及相关文献，在此一并表示感谢！本书的出版，得到了德州市公路局、德州市公路工程总公司、山东省公路建设（集团）有限公司、中交第一公路工程局有限公司、青岛公路建设集团有限公司和济南金曰公路工程有限公司等德商高速公路各参建单位以及各兄弟院校同行、行业企业专家的大力支持，特致谢意。

由于编者水平所限，书中如有不足之处，敬请使用本教材的师生与读者批评指正。

编　者

2015年6月

目　录

第一单元　安全生产管理制度

任务一　安全生产责任体系

教学目标	能力目标	1.能够认知建设工程相关方的安全生产责任。 2.能够认知安全生产的方针。 3.能够制定安全生产的责任制度。
	素质目标	培养学生利用所学知识解决具体问题的能力。
	知识目标	1.了解建设工程相关方的安全生产责任。 2.熟悉安全生产的方针。 3.熟悉安全生产的责任制度。

教学方案:利用案例,结合安全相关知识在工程中的应用进行讲授,以加深学生的印象,增强教学效果。

案例引入

某日18时50分,在重庆市某县城,号称第一号形象工程的"虹桥"整体垮塌,坠入綦河,40名无辜者被夺去了生命,14人受伤住进医院,造成直接经济损失631万元。

事故原因分析:

(1)吊杆锁锚方法错误,不能保证钢绞线有效锁定及均匀受力。

(2)主拱钢管内对接焊缝普遍存在裂纹、未焊透、未熔合、气孔、夹渣及陈旧性裂纹等严重缺陷。

(3)主拱钢管内混凝土强度达不到设计要求,局部有漏灌现象。

(4)构造也有不当之处,且主拱钢管结构的焊接质量、接头位置及锁锚质量均无明确要求。

知识介绍

一、一般规定

责任制是安全生产的核心，是改进安全状况的根本途径、基本方法和工作平台。工程参建单位应按照“安全第一，预防为主，综合治理”的方针和“建设单位主导，监理单位督促，施工单位负责”的原则，构建工程项目安全生产责任体系。责任体系主要包括但不限于项目安全生产目标、组织管理机构、安全生产条件、安全责任及安全生产管理制度等重点内容。

安全生产管理必须坚持“管生产必须管安全”“谁主管谁负责”“全员参与”“全面覆盖”和“全过程管理”的原则。

工程项目应成立由项目建设单位牵头，勘察设计、施工、监理等单位项目负责人共同参与的项目安全生产领导小组(或项目安全生产委员会)，负责规范、指导、协调工程参建单位的安全生产行为。

项目安全生产领导小组组长由建设单位项目负责人担任，副组长由建设单位主管安全项目负责人、监理单位总监理工程师等担任，勘察设计、施工、监理等单位项目负责人为小组成员。领导小组办公室一般设在建设单位安全管理部门，安全管理部门负责人为领导小组办公室主任。项目安全生产领导小组应贯彻落实国家、行业有关安全生产的方针政策、法律法规和技术标准，制定安全生产指标和工作计划，落实项目安全生产条件，规范施工安全管理程序，开展安全检查评价，定期组织应急演练，督促落实企业安全生产责任。

工程参建单位应建立内部安全生产责任体系，依法设立安全生产组织管理机构，完善安全生产管理制度，明确安全生产条件，确定安全考核指标，开展安全检查和隐患排查工作，落实安全生产责任。工程参建单位安全生产管理资料见附录。

安全生产责任制是安全生产责任体系的重要载体。建设单位应与勘察设计、施工、监理等单位每年签订一次安全生产责任书。

工程参建单位应落实“一岗双责”制度，细化各岗位职责，按年度层层签订安全生产责任书，并定期组织考核。

在施工过程中，当责任人发生变更时，应重新签订安全生产责任书。

安全生产中各方的主要责任如下：

施工单位：主体责任单位。

建设单位：综合组织协调、部署安全工作、检查督促落实、协调解决问题、保证资金投入等。

监理单位：安全监管、发现问题、提出问题、督促整改等。

监管单位：执法力度、重点、严格有效措施等。

二、安全生产目标

安全生产目标应以“减少危害，预防事故，尽量避免生产过程中的人身伤害、财产损失、环境污染等”为准则设定，并应通过设立相应的考核指标来强化落实。

(一)安全生产指标考核

(1)项目安全生产领导小组应确定安全生产总目标。工程参建单位应根据安全生产总目标设立分项目标，并制定各自的安全生产考核指标。

(2)安全生产考核指标包括三大类。

①管理类：安全生产总目标、安全管理人员到位率、培训教育覆盖率、设备完好率等。

②事故类：事故起数、重伤人数、死亡人数、设备事故率等。

③隐患类：重大事故隐患整改率等。

(二)安全生产目标实施

为确保安全生产目标达到预期效果，一般从以下四个方面组织实施。

(1)制定实施计划，分解总目标。依据工程项目安全生产总目标，结合社会形势、施工环境、气候变化和工程进展等情况，提出年度、季度、月度分项目标和考核指标，并分解到各参建单位、各类管理人员和作业队、班组，制定相对应的安全生产管理措施，认真组织实施。

(2)落实主体责任，分级考核控制。安全生产总目标的实现，主要依靠各级目标责任者根据设定的考核指标自我控制来完成。在实施安全生产总目标保证措施计划的过程中，积极发挥参建单位的主体作用，落实自我管理、自我控制的分级考核措施。

(3)组织考评验收，管理缺陷整改。在安全生产总目标管理过程中，应对分项目标的实施情况加强检查、考核与评价，并提出下一阶段的分项目标及措施。结合工程进展情况，对分项目标措施的实施情况，每个月检查验收一次，利用安全工作例会讲评一次；每个季度考评一次，以通报形式排出名次，分出优劣；结合半年和年度工作总结讲评一次。每次检查、考核、验收和讲评，应紧紧围绕有关薄弱环节，利用通报或《隐患整改指令》，按照“三定一落实”(定人、定时、定措施，复查确认落实)的原则组织缺陷整改，做到认真考核，严格验收，整改到位。

(4)兑现目标奖惩，推动循环活动。在实施安全生产总目标管理过程中，将各级领导、各个部门、各类人员的安全生产考核指标成果与经济利益挂钩，按照考评情况兑现奖惩。通过目标分解、检查考评、缺陷整改、兑现奖惩，实现安全生产总目标管理向前滚动发展。

三、建设单位安全责任体系

(一)组织管理机构

工程项目建设单位内部安全生产领导小组组长由建设单位项目负责人担任，副组长由建设单位分管安全项目负责人、总工程师担任，成员由各部门负责人组成。安全生产领导小组下设办公室，主任由安全管理部门负责人兼任。

（二）安全生产条件

（1）建立健全安全生产责任制，制定项目安全生产管理制度。

（2）设置专职安全生产管理机构，机构负责人应熟悉、掌握施工安全生产法律法规、标准规范，具有中级及以上技术职称，具备一个及以上工程项目的管理经历。安全生产管理机构按照工程需要配备专职安全管理人员。

（3）保证安全生产条件所需资金的投入。

（4）办公区、生活区及相关设备和配件符合有关安全生产法律法规、标准规范的要求。

（5）制定生产安全事故应急救援预案并组织开展应急演练。

（6）法律法规规定的其他条件。

（三）安全生产责任

1. 安全生产责任

（1）建设单位对工程项目安全生产负有主导责任，应加强工程项目各阶段安全工作的综合协调管理，按照合同约定督促工程参建单位落实安全生产责任，按照每半年一次做好“平安工地”考核评价工作。

（2）应向施工单位提供施工现场及毗邻区域内供水、排水、供电、供气、供热、通信、广播电视等地下管线资料，气象和水文观测资料，相邻建筑物和构筑物、地下工程的有关资料，并保证资料的真实性、准确性、完整性。

（3）不得对勘察设计、施工、监理等单位提出不符合建设工程安全生产法律法规和强制性标准规定的要求，不得压缩合同约定的工期。

（4）在编制工程预算时，应确定建设工程安全作业环境及安全施工措施所需的费用。

（5）不得明示或暗示施工单位购买、租赁、使用不符合安全施工要求的安全防护用具、机械设备、施工机具及配件、消防设施和器材。

（6）在办理施工许可或申领施工许可证时，应提供工程项目有关安全施工措施的资料。

（7）应依法将工程项目发包给具有相应资质等级的单位。建设单位与勘察设计、施工、监理等单位签订的合同中，应明确双方的安全生产责任。

2. 建设单位应与工程参建单位签订安全生产责任书

建设单位应与工程参建单位签订的安全生产责任书如下：

（1）与勘察单位签订安全生产责任书。

（2）与设计单位签订安全生产责任书。

（3）与施工单位签订安全生产责任书。

（4）与监理单位签订安全生产责任书。

（5）与检测单位签订安全生产责任书。

（6）与监测单位签订安全生产责任书。

3. 建设单位内部各岗位应签订安全生产责任书

建设单位应根据内部各岗位职责，签订如下安全生产责任书：

(1)项目经理(指挥长)安全生产责任书。

(2)项目副经理(副指挥长)安全生产责任书。

(3)项目总工程师安全生产责任书。

(4)项目各部门部长(处长)安全生产责任书。

(5)项目各部门工作人员安全生产责任书。

(四)安全生产管理制度

建设单位安全生产管理制度是安全生产工作的行为准则。制度应明确项目安全生产各阶段管理的内容、程序与职责分工等,包括但不局限于表1-1中所列出的各项制度,一般以汇编形式印发。

表1-1　建设单位主要安全生产管理制度

类别	制度名称	主要内容
项目管理	安全生产会议制度	会议分领导小组会议、安全例会和安全生产专题会等形式,会议制度应包括制度适用范围、职责和工作程序,重点明确会议频次、参会人员、讨论议题、会议签到、会议记录和纪要等内容
	安全生产责任考核制度	制度应明确建设单位与施工、监理等单位签订的安全生产责任书内容、签订频次、履行情况的考核、奖惩等内容,是安全生产责任体系的重要载体
	安全生产专项费用管理制度	制度应明确项目安全生产专项费用的使用范围、支付方式、审批流程和监督管理等内容
	安全生产检查评价制度	制度应明确检查的目的、要求、依据、标准、形式、内容、分工职责、频次、整改以及对检查效果的评价、奖惩等内容
	安全事故隐患排查治理制度	制度应明确工程项目安全事故隐患分级管理、一般事故隐患排查方式、治理措施和责任分工、重大事故隐患治理方案、挂牌督办等内容
	施工安全风险评估管理制度	制度应明确风险评估的范围、方法、程序、组织、报告格式、结果运用等内容
	生产安全事故报告制度	制度应明确事故报告的职责、内容、报送流程、时限等内容

续表

类别	制度名称	主要内容
项目管理	危险性较大分部分项工程安全管理制度	制度应明确危险性较大分部分项工程的划分，施工、监理单位的管理职责，专项施工方案的审批及实施等内容
	“平安工地”考核评价制度	制度应明确项目安全生产条件审查、施工过程“平安工地”创建内容、实施步骤、职责分工和考核评价标准、评价周期、考核结果运用等内容
	安全生产奖惩制度	制度应明确安全生产激励、处罚的标准条件及具体方式等内容
	安全生产应急管理制度	制度应明确预案编制、审核的程序要求、预案构成的主要要素、应急处置组织、应急演练培训、方案评审改进等内容
内部	安全生产责任制及考核制度	制度应明确各层级之间安全生产责任书内容、签订频次、履行情况的考核、奖惩等内容
	安全生产教育培训制度	制度应明确建设单位内设机构的培训对象、内容、学时、频次和考核等内容

四、监理单位安全生产责任体系

(一)组织管理机构

(1)工程项目监理单位设置为两级监理机构的，监理单位内部的安全生产领导小组组长由总监理工程师担任，副组长由副总监理工程师(总监代表)、安全监理工程师担任，成员由总监设立部门的负责人、各驻地监理工程师、总监办各专业监理工程师组成。

(2)工程项目监理单位设置为一级监理机构的，监理单位内部的安全生产领导小组组长由总监理工程师担任，副组长由副总监理工程师(总监代表)、安全监理工程师担任，成员由设立部门的负责人、各专业监理工程师组成。

(二)安全生产条件

(1)具备有关法律法规等规定的相关资质、资格。

(2)建立健全安全生产管理制度，制定安全生产监理计(规)划和监理细则，明确安全监理工作程序，落实安全生产责任制。

(3)总监理工程师应通过交通运输部安全监理和环保监理培训考试。

(4)总监办至少配备一名通过交通运输部安全监理和环保监理培训考试的专职安全监理工程师。各驻地办至少配备一名通过交通运输部安全监理和环保监理培训考试的专职安全监理工程师。人员配备应满足项目重大风险源预控管理的跟踪巡视等工作。

(5)法律法规规定的其他条件。

(三)安全生产责任

1.安全生产责任

监理单位和监理人员应按照法律法规、规章和标准规范实施监理,并对工程项目安全生产承担监理责任。

监理单位应审查施工合同约定的项目安全生产条件、施工组织设计中的安全技术措施、危险性较大分部分项工程的专项施工方案,以及安全生产专项费用计提使用情况。未经监理单位审查签字认可,施工单位擅自施工的,监理单位应及时下达工程暂时停工令。施工单位拒不执行时,应及时将情况书面报告给建设单位。

监理单位应按规定核查施工单位特种设备进场检验验收情况,组织施工安全检查,督促安全事故隐患排查治理,按季度做好"平安工地"考核评价工作。

在监理巡视检查时,发现安全事故隐患的,应按规定及时下达书面指令要求施工单位进行整改或停止施工。施工单位拒绝整改或整改不到位时,监理单位应及时将情况书面报告给建设单位。

2.监理单位内部各岗位安全生产责任书

监理单位应根据内部各岗位职责签订如下安全生产责任书:

(1)总监理工程师安全生产责任书。

(2)副总监理工程师(总监代表)安全生产责任书。

(3)专业监理工程师安全生产责任书。

(4)安全监理工程师安全生产责任书。

(5)驻地监理工程师安全生产责任书。

(6)驻地专业监理工程师安全生产责任书。

(7)驻地安全监理工程师安全生产责任书。

(8)监理员安全生产责任书。

(四)安全生产管理制度

监理单位安全生产管理制度是安全生产工作的行为准则,制度应明确监理单位安全生产各阶段管理的内容、程序与职责分工等,包括但不局限于表1-2中所列出的各项制度,一般以汇编形式印发。

表1-2　　监理单位主要安全生产管理制度

类别	制度名称	主要内容
项目管理	安全生产会议制度	会议分领导小组会议、安全例会和安全生产专题会等形式,会议制度应包括制度适用范围、职责和工作程序,重点明确会议频次、参会人员、讨论议题、会议签到、会议记录和纪要等内容
	专项施工方案审查制度	制度应明确制度的适用范围、审查程序、内容、职责分工、督促落实等内容
	安全生产检查评价制度	制度应明确检查的目的、要求、依据、标准、形式、内容、分工职责、频次、整改以及对检查效果的评价等内容

续表

类别	制度名称	主要内容
项目管理	安全事故隐患督促整改制度	制度应明确安全事故隐患分级管理，督促整改的职责分工与管理流程、指令格式，整改验收方式等内容
	特种设备复核制度	制度应明确施工单位特种设备进场报验流程和资料清单，复核的内容、程序和工作职责等内容
	安全生产专项费用审查制度	制度应明确项目安全生产专项费用使用范围，报验的时间节点、费用的审批流程、方式、会计科目及票据等内容
	“平安工地”考核评价制度	制度应明确项目安全生产条件审查、施工过程“平安工地”创建内容、实施步骤、职责分工和考核评价标准、评价周期、考核结果运用等内容
	安全生产应急管理制度	制度应明确预案编制、审核的程序要求、预案构成的主要要素、应急处置组织、应急演练培训、方案评审改进等内容
	生产安全事故报告制度	制度应明确事故报告的职责、内容、报送流程、时限等内容
内部	安全生产责任制及考核制度	制度应明确各层级之间安全生产责任书内容、签订频次、履行情况的考核、奖惩等内容
	安全生产教育培训制度	制度应明确监理单位内部的培训对象、内容、学时、频次和考核等内容

五、施工单位安全生产责任体系

（一）组织管理机构

工程项目施工单位安全生产领导小组组长由项目经理担任，副组长由安全总监、副经理、总工程师担任，成员由各部门负责人、分包单位负责人组成。安全生产领导小组下设办公室，主任由安全管理部门负责人兼任。

（二）安全生产条件

（1）取得有效的施工企业安全生产许可证，具备法律法规等规定的相关资质和资格。

（2）建立健全安全生产责任制，制定相应的安全生产管理制度和操作规程。

（3）保证安全投入并规范使用。

（4）设置专职安全生产管理机构，施工现场应按照每 5000 万元施工合同额配备一名的比例配备专职安全生产管理人员，不足 5000 万元的至少配备一名。

（5）企业主要负责人、项目负责人和专职安全生产管理人员（简称“三类人员”）必须取得交通运输主管部门颁发的“安全生产考核合格证书”，特种作业人员应经有关业务主管部门考核并取得特种作业操作资格证书，所有从业人员应按规定参加安全生产教育培训。

（6）应依法参加工伤保险，为从事危险作业的人员办理意外伤害险。

(7)按照“平安工地”考核标准，每月组织自查，作业场所和安全设施、设备、工艺等符合有关安全生产法律法规和标准规范的要求，为从业人员配备符合国家、行业标准的劳动防护用品。

(8)按规定开展施工安全风险评估工作，实施重大风险源监控管理。

(9)制定生产安全事故应急救援预案，为应急救援组织或应急救援人员配备必要的应急救援器材、设备。

(10)法律法规规定的其他条件。

(三)安全生产责任

1.施工单位安全生产责任

(1)施工单位是安全生产责任主体，主要负责人依法对本单位安全生产工作全面负责。项目负责人应由取得相应执业资格证书的人员担任，经授权对相应的工程项目施工安全生产负责。

(2)工程项目实行施工总承包的，总承包单位对施工现场安全生产负总责。总承包单位依法将建设工程分包给其他单位的，应在分包合同中明确各自的安全生产的权利义务。总承包单位和分包单位对分包工程的安全生产承担连带责任。

(3)列入工程概算的安全作业环境及安全施工措施所需费用，应用于施工安全防护用具及设施的采购和更新、安全施工措施的落实、安全生产条件的改善。安全施工措施费应单列，专款专用，不得挪作他用。

(4)施工组织设计应明确安全技术措施，危险性较大分部分项工程还应编制专项施工方案，并附安全验算结果，经施工单位技术负责人、总监理工程师签字后实施。超过一定规模的危险性较大分部分项工程，施工单位应组织专家对专项施工方案进行论证、评审。施工单位应按规定制定临时用电组织设计方案。

(5)施工单位应将施工现场的办公区、生活区与作业区分开设置，并保持安全距离。现场临时搭建的建筑物应符合安全使用要求，使用装配式活动房屋应具有产品合格证。施工单位不得在尚未竣工的建筑物内设置员工集体宿舍。员工的膳食、饮水、休息场所等应符合卫生标准。

(6)施工单位应在施工现场出入口、沿线各交叉口、施工起重机械所在处、拌和场、临时用电设施所在处、爆破物及有害危险气体和液体存放处，以及孔洞口、隧道口、基坑边沿、脚手架边沿、码头边沿、桥梁边沿等危险部位，设置明显的符合国家标准的安全警示标志或必要的安全防护设施。

(7)施工单位应建立健全消防安全责任制度，确定消防安全责任人，制定用火、用电、使用易燃易爆材料等各项消防管理制度和操作规程，设置消防通道，配备相应的消防设施和灭火器材，并在施工现场入口处设置明显标志。

(8)工程施工前，施工单位应将有关施工安全技术要求分三级向施工项目部各职能部门、施工作业班组、一线作业人员进行安全技术交底，向作业人员书面告知危险岗位的操作规程和应急措施，并由双方签字确认。

(9)施工单位应定期开展安全检查评价和隐患治理工作，消除安全事故隐患。专职安全员应按规定每天巡查施工现场安全生产，并作好检查记录。发现安全事故隐患时，应及时向项目安全管理机构负责人报告；对于违章指挥、违章操作的，应立即制止；一时难以消除的事故隐患，施工单位应制定治理方案，明确治理的措施、时限、资金、验收和责任人等安全内容。

(10)施工单位应根据不同施工阶段、周围环境及季节、气候的变化，在施工现场采取相应的安全施工措施。施工现场暂时停止施工的，应做好现场防护，所需费用由责任方承担，或按合同约定执行。

(11)施工单位对因工程施工可能造成损害的毗邻建筑物、构筑物和地下管线等，应进行安全风险论证并采取专项防护措施。

(12)施工单位应遵守环境保护的法律法规，在施工现场采取措施，防止或减少粉尘、废气、废水、固体废物、噪声、振动和施工照明对人和环境的危害和污染。

(13)施工现场的安全防护用具、机械设备、施工机具及配件必须由专人管理，定期进行检查、维修和保养，建立相应的资料档案。采购、租赁的安全防护用具、机械设备、施工机具及配件，应具有生产(制造)许可证、产品合格证，在进入施工现场前进行查验。

(14)安装、拆卸施工起重机械，整体提升脚手架、模板等自升式架设设施，必须由具有相应资质的单位承担。使用前，应组织有关单位进行验收，也可以委托具有相应资质的检验检测机构进行验收(并出具相关验收合格证明文件)。使用承租的机械设备、施工机具及配件的，应由施工总承包单位、分包单位、出租单位和安装单位共同进行验收，验收合格后方可使用。使用起重机械等特种设备，在验收前应经有相应资质的检验检测机构监督检验合格。

(15)施工单位在签订的起重机械租赁合同中，明确租赁双方的安全责任，要求租赁单位提供起重机械等特种设备制造许可证、产品合格证、制造监督检验证明、备案证明和自检合格证明，提供安装使用说明书。

(16)施工单位不得租用有下列情形之一的起重机械：

①属国家明令淘汰或禁止使用的；

②超过安全技术标准或制造厂家规定的使用年限的；

③经检验达不到安全技术标准规定的；

④没有完整安全技术档案的；

⑤没有齐全有效的安全保护装置的。

(17)作业人员应遵守安全施工的规章制度、强制性标准和操作规程，正确使用安全防护用具、机械设备。有权对施工现场的作业条件、作业程序和作业方式中存在的安全问题提出批评、检举和控告，有权拒绝违章指挥和强令冒险作业。发生危及人身安全的紧急情况时，有权立即停止作业或在采取必要的应急措施后撤离危险区域。

(18)施工单位应建立安全培训教育制度，对管理人员和作业人员每年至少进行一次安全生产教育培训。作业人员进入新的岗位、新的施工现场前或在采用新技术、新工艺、新设备、新材料时，应接受安全生产教育培训。未经教育培训或教育培训考核不合格的人员，不得上岗作业。

(19)施工单位应针对本工程项目特点制定生产安全事故应急预案，定期组织演练。发生事故时，施工单位应立即采取措施减少人员伤亡和事故损失，启动应急预案，并按有关规定及时、如实地向建设单位、监理单位和事故发生地的公路水运工程安全生产监督管理部门以及地方安全监督部门报告。

2.分包单位安全生产责任

(1)分包单位必须具有相应的资质,并在其资质等级许可的范围内承揽施工业务。严禁个人承揽分包工程业务。

(2)分包单位应与总承包单位就所承建的工程签订安全分包合同,约定双方权利义务。

(3)分包单位应服从总承包单位的安全生产管理,遵守总承包单位的安全生产管理制度。分包单位不服从管理导致生产安全事故的,由分包单位承担主要责任。

(4)禁止分包单位将其承包的工程再分包。

3.施工单位内部各岗位安全生产责任书

施工单位应根据内部各岗位职责签订如下安全生产责任书:

(1)项目经理安全生产责任书。

(2)项目副经理安全生产责任书。

(3)项目总工程师安全生产责任书。

(4)项目安全总监安全生产责任书。

(5)项目各职能部门部长(处长)安全生产责任书。

(6)项目各部门管理人员安全生产责任书。

(7)班组长安全生产责任书。

(8)分包单位安全生产责任书。

(四)安全生产管理制度

施工单位安全生产管理制度是安全生产工作的行为准则,制度应明确施工单位安全生产各阶段管理的内容、程序与职责分工等,包括但不局限于表1-3中所列出的各项制度,一般以汇编形式印发。

表1-3　施工单位主要安全生产管理制度

制度名称	制度内容
安全生产会议制度	会议分领导小组会议、安全例会和安全生产专题会等形式,会议制度应包括制度适用范围、职责和工作程序,重点明确会议频次、参会人员、讨论议题、会议签到、会议记录和纪要等内容
安全生产责任制及考核制度	制度应明确施工单位项目部各层级之间、与分包单位之间所签订的安全生产责任书(或安全合同)的内容、签订频次、履行情况的考核、奖惩等内容
安全生产专项费用使用制度	制度应明确安全生产专项费用适用范围、费用年度计划、费用支取申报程序与阶段、会计科目及票据、形成的固定资产管理等内容
安全生产检查评价制度	制度应明确检查的目的、要求、依据、标准、形式、内容、分工职责、频次、整改以及对检查效果的评价、奖惩等内容

续表

制度名称	制度内容
“平安工地”考核评价制度	制度应明确项目安全生产条件审查、施工过程“平安工地”创建内容、实施步骤、职责分工和考核评价标准、评价周期、考核结果运用等内容
安全事故隐患排查治理制度	制度应明确工程项目安全事故隐患分级管理、一般事故隐患排查方式、治理措施和责任分工、重大事故隐患治理方案、时限、措施、资金和责任人等内容
安全生产教育培训制度	制度应明确施工从业人员岗位培训内容、学时、频次和考核等内容，培训对象应包括施工项目管理、技术、特种作业的一般作业人员和分包单位等，培训内容应包括安全意识、安全知识和安全技能等内容
施工安全技术交底制度	制度应明确分级、分专业、分岗位交底的程序、内容等
施工安全风险评估制度	制度应明确施工现场危险作业环境和重大风险源辨识、分析、估测和评估结论审核等管理程序、职责分工、重大风险源预警预控和书面告知等内容
专项施工方案的编制和审核制度	制度应明确适用范围、编制依据、编制原则、主要内容、安全保障措施、内部审核程序与责任分工、实施管理等内容
安全生产应急管理制度	制度应明确预案编制、审核的程序要求、预案构成的主要要素、应急处置组织、应急演练培训、方案评审改进等内容
生产安全事故报告制度	制度应明确事故报告的职责、内容、报送流程、时限等内容
施工设备安全管理制度	制度应明确施工设备设施的管理职责、登记要求、保养维修以及使用责任人资格等内容
劳动防护用品配备和管理制度	制度应明确安全防护用品的采购、验收、发放登记、使用等内容
施工现场消防安全责任制度	制度应明确施工现场消防安全责任分工、责任区域划分、器材配备台账、检查维护记录、消防器材管理等内容
危险品安全管理制度	制度应明确施工现场用火、用电、使用危险品等的消防安全管理程序、要求和责任分工、作业人员资格要求、危险品管理台账记录等内容
分包单位安全管理考评制度	制度应明确施工分包单位的管理职责、考评方式与时间、评价与结果应用等内容
特种作业人员管理制度	制度应明确特种作业人员的进场考核、岗前培训、继续教育、人员登记台账等内容
安全生产奖惩制度	制度应明确安全生产奖励、处罚的条件和方式，以及结果应用等内容

续表

制度名称	制度内容
施工单位项目部主要负责人带班制度	制度应明确项目主要负责人带班生产、检查的工作计划、内容与时间要求、管理程序与内业资料等内容
施工作业操作规程	制度应明确施工各工序、工种的具体操作内容，规程流转管理等内容
其他法律法规和行业内规章制度	

知识延伸

施工单位的安全岗位职责可按人员级别分类。

一、施工单位技术负责人

(1)认真贯彻、执行国家有关建筑安全生产的方针、政策、法律、法规和标准，贯彻、执行省市有关建筑安全生产的法规、规章、标准、规范和规范性文件。

(2)协助主要负责人做好并具体负责本单位的安全技术管理工作。

(3)组织编制和审批施工组织设计和专业性较强的工程项目的安全施工方案。

(4)对本单位使用的新材料、新技术、新设备、新工艺制定相应的安全技术措施和安全操作规程。

(5)参与制定本单位的安全操作规程和生产安全事故应急救援预案。

(6)参与生产安全事故和未遂事故的调查，从技术上分析事故原因，针对事故原因提出技术措施。

二、专职安全生产管理人员

(1)认真贯彻、执行国家有关建筑安全生产的方针、政策、法律、法规和标准，和省市有关建筑安全生产的法规、规章、标准、规范和规范性文件。

(2)监督专项安全施工方案和安全技术措施的执行，对施工现场安全生产进行监督检查。

(3)发现生产安全事故隐患，及时向项目负责人和安全生产管理机构报告，并监督检查整改情况。

(4)及时制止现场违章指挥、违章作业行为。

(5)发生事故后，应积极参加抢救和救护，并按照规定的程序及时如实报告，积极配合事故的调查处理。

三、施工班组长

(1)认真贯彻、执行国家和省市有关建筑安全生产的方针、政策、法律、法规、规章、标准、规范和规范性文件。

(2)具体负责本班组在施工过程中的安全管理工作。

(3)组织本班组的班前安全活动。

(4)严格执行各项安全生产规章制度和安全操作规程。

(5)严格执行安全技术交底。

(6)不违章指挥和冒险作业,严格制止班组成员违章作业,对违章指挥提出意见,并有权拒绝执行。

(7)发生生产安全事故后,应积极参加抢救和救护,保护好事故现场,并按照规定的程序及时如实报告。

四、作业人员

(1)认真贯彻、执行国家和省市有关建筑安全生产的方针、政策、法律、法规、规章、标准、规范和规范性文件。

(2)认真学习、掌握本岗位的安全操作技能,提高安全意识和自我保护能力。

(3)积极参加本班组的班前安全活动。

(4)遵守工程建设强制性标准,以及本单位的各项安全生产规章制度和安全操作规程。

(5)正确使用安全防护用具、机械设备。

(6)严格按照安全技术交底进行作业。

(7)遵守劳动纪律,不违章作业,有权拒绝违章指挥。

(8)发生生产安全事故后,保护好事故现场,并按照规定的程序及时如实报告。

综合实训

根据如下案例制定一个公路或桥梁工程项目的安全管理制度。

工程案例:某工程安全管理方案。

一、安全管理目标

(1)杜绝死亡事故。

(2)无重大设备、火灾、触电、交通、食物中毒等重大事故。

(3)事故负伤频率控制在0.6‰以下。

(4)安全管理规范,争创省安全文明施工标准化工地。

二、安全管理组织机构

项目经理对项目的安全生产全面负责,项目生产副经理负责安全管理的领导工作。项目安全环保部为安全主管部门,各作业队设置专职安全员,层层负责项目的各项安全生产管理工作。项目安全管理组织机构网络如图 1-1 所示。

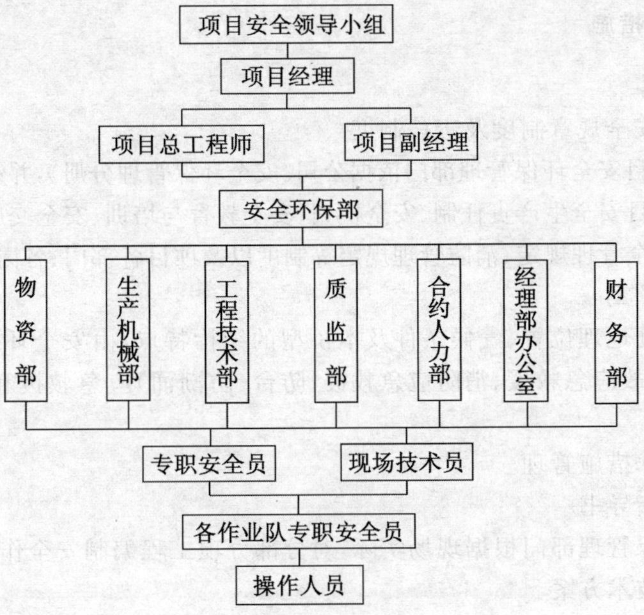

图 1-1 项目安全管理组织机构网络

三、项目安全生产保证体系

“安全生产”是一切施工的前提条件，因此，在整个施工过程中，始终贯彻“安全第一，预防为主”的方针，建立健全项目安全生产保证体系（见图 1-2）。

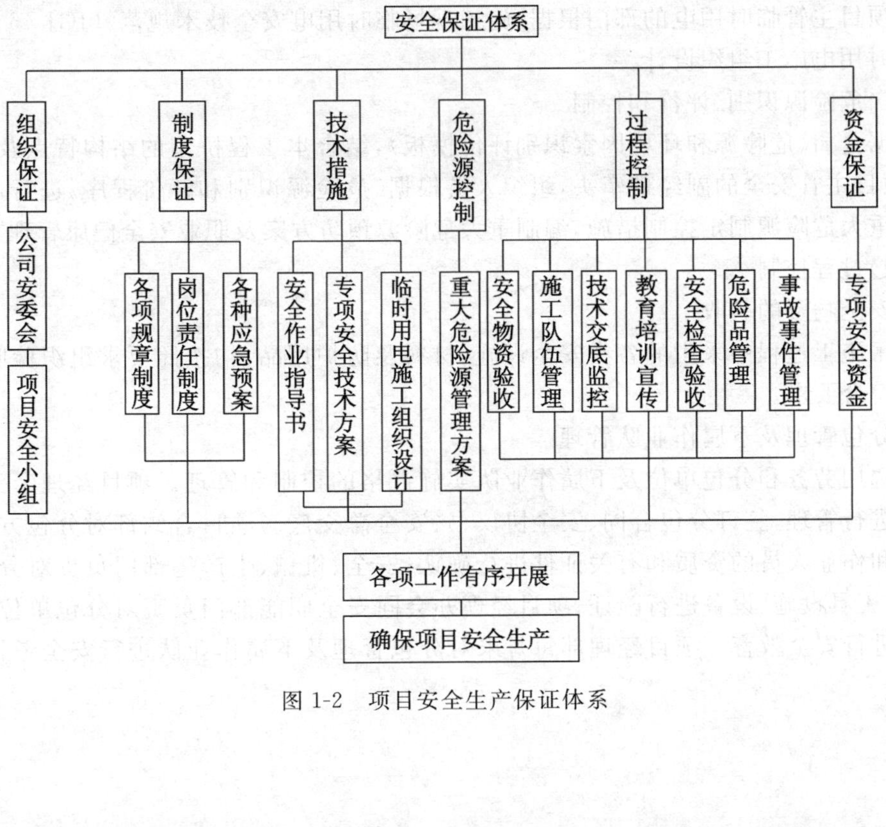

图 1-2 项目安全生产保证体系

四、安全保证措施

(一)制度保障

1.建立各项安全规章制度及责任制度

开工初期,项目安全环保管理部门依据公司《安全环保管理分册》,并结合业主及地方政府的要求,编制项目安全生产责任制、安全检查、安全教育与培训、安全交底、安全奖罚、安全事故管理、现场安全管理规定、消防管理规定等制度以及项目各部门、各岗位的责任制度。

2.编制应急预案

结合项目所处地理位置、气候条件及本桥型的结构特点,由安全环保部门牵头、其他部门配合,编制事故应急救援、消防应急救援、防台(防潮涌)应急救援和其他紧急事件应急救援的预案。

(二)安全技术措施管理

1.安全作业指导书

项目安全环保管理部门根据现场实际,对分部分项工程编制安全作业指导书。

2.专项安全技术方案

对于较大分项分部工程(尤其是危险性较大工程),依据建设部《危险性较大工程安全专项施工方案编制及专家论证审查办法》编制安全专项施工方案,编制工作由项目主管安全的副经理牵头,项目技术部门编制结构安全部分、安全环保部门编制安全防护和环境保护部分、机械部门编制施工机械使用安全部分、生产部门编制施工组织部分,项目安全副经理进行汇总并交底,方案和交底资料存于安全管理部门备查。

3.临时用电施工组织设计

由项目主管临时用电的部门根据《施工现场临时用电安全技术规范》(JGJ 46—2005)编制临时用电施工组织设计。

(三)危险源识别、评价和控制

根据公司《危险源和环境因素识别评价模板》,结合本工程桥型的结构特点及施工工艺,由项目主管安全的副经理牵头,组织人员根据《危险源识别和评价程序》进行,针对评价出的重大危险源制定控制措施,编制重大危险源预防方案及职业安全健康管理方案。

(四)过程控制

1.安全物资的验收

对于施工过程中采用的各类安全设施、材料及防护用品,均按照要求组织验收,使安全设施符合要求。

2.分包管理及下属作业队管理

对选用劳务和分包单位及下属作业队实施严格的控制和管理。项目经理牵头,对分包单位进行管理,签订分包合同、安全协议书、安全总交底。项目合约部对分包方进场管理人员和作业人员的资质和有关证件进行确认;安全、机械、生产等部门负责对分包进场的物资、工具设施、设备进行验证;项目经理办会同安全职能部门负责对分包单位及下属作业队进行安全教育。项目经理部每月末对分包管理及下属作业队进行安全考核,奖优罚劣。

3. 安全环保技术交底及监控

对新设备、新工艺、新技术或较复杂的分项分部工程，项目总工程师负责对施工过程的安全事宜按设计要求进行交底，主管安全领导进行较具体的安全交底，专职安全人员负责实施过程的督促检查。

项目主管安全的副经理对新进场的队伍进行安全环保总交底，专职安全人员进行操作规程的交底及重点施工部位的交底和监控。

4. 安全教育、培训和宣传

项目主管安全的副经理负责制定本项目的安全教育宣传培训交底制度和计划；安全管理人员负责制定施工作业人员中特殊作业人员的项目级技能教育计划，利用贴图、幻灯片、FLASH、安全教育光碟、讲课等多种形式开展安全宣传教育，以提高作业人员的安全意识和技能。安全教育应包括节假日前后安全教育、入场三级安全教育、安全例会、班前安全讲话和经常性安全教育等各种类型的安全教育。

5. 安全检查与验收

专职安全员每天进行巡查，项目部每月组织不少于一次的、由项目经理参加的安全大检查，根据项目奖罚规定对违章和隐患进行处理，并及时记录和跟踪安全检查情况。

对于施工过程中的临时用电、施工机械机具、脚手架和模板、安全防护设施和监测仪器，严格执行验收制度，并作好相关记录。

6. 危险品、污染物和节能控制

项目安全环保部门按照《污染物控制程序》，对项目的环境状况进行监测并形成记录；项目物资部门根据《化学危险品管理》对危险品进行管理，安全环保部门进行监督；按照《能源、资源管理程序》，项目办公室对水电进行监测和控制，技术部、合同部和生产部门对原材料的消耗进行统计和分析。

7. 事故事件与应急救援

项目部按照应急救援预案定期组织应急救援演练，以提高从业人员的应急反应能力；项目部加强对各类事故事件的管理，对于发生的事故事件(包括未遂事件)，严格按照"四不放过"的原则进行调查处理。如发生事故，按照国家有关规定按程序进行上报。

(五)与市区交通的协调

本项目地处市区，与附近城市道路存在一定的干扰。施工过程中，注意与当地交通部门的协调，采取措施将交通的影响降到最低，保证工程的顺利进展。

思考题

安全生产的方针是什么，有什么含义？

安全生产的方针为：安全第一，预防为主，综合治理。

安全第一的含义为：劳动者的生命安全与身体健康第一、危险识别第一、生产条件安全化第一、劳动者的安全教育第一和安全操作第一、生产的安全保障第一、安全是评价的第一标准。

预防为主的含义为：预防是安全生产管理的主要工作，预防对避免事故的发生起主要作用。事故的预防，首先是防止事故的发生，其次是当发生事故时，要防止事故扩大。预防包括:完善安全生产条件,防止物的不安全状态;通过教育提高人的安全素质,防止人的不安全行为;加强和完善各项安全管理工作,防止管理缺陷;落实事故应急救援预案,防止事故扩大。

任务二　安全生产专项费用管理

教学目标	能力目标	1. 能够对安全生产专项费用进行计算。 2. 能够对安全生产专项费用进行审核。
	素质目标	培养学生利用所学知识解决具体问题的能力。
	知识目标	1. 了解安全生产专项费用的使用范围。 2. 熟悉安全生产专项费用的计量与支付。

教学方案:利用案例,结合安全相关知识在工程中的应用进行学习,以加深学生的印象,增强教学效果。

案例引入

很多安全事故的出现是由安全生产专项费用投入不足造成的。对于安全生产专项费用,有如下规定:

(1)安全生产专项费用是指企业按照规定标准提取、在成本中列支、专门用于完善和改进企业或项目安全生产条件的资金。

(2)安全生产专项费用管理应坚持"规范计取,合理计划,计量支付,确保投入"的原则,并按照有关规定、行业标准以及合同约定确定提取标准。

(3)公路水运工程安全生产专项费用根据国家有关规定,应采用不低于建筑安装工程造价1.5%的比例计取,且不作为竞争性报价。建设单位在编制工程招标文件时,应明确安全生产专项费用的总金额或比例、预付金额或比例、计量支付方式与时限、具体使用要求、调整方式等条款。安全生产专项费用不足时,应协商解决。

知识介绍

一、安全生产专项费用使用范围

根据《中华人民共和国安全生产法》等有关法律法规、交通运输部《公路水运工程安全生产监督管理办法》和财政部、国家安全生产监督管理总局《企业安全生产费用提取和使用管理办法》的规定,结合公路水运工程特点,安全生产专项费用使用范围和各类安全生产专项费用清单如表1-4和表1-5所示。

表 1-4 安全生产专项费用使用范围

序号	类别	内容
1	设置、完善、改造和维护安全防护设施设备支出	此项费用是指为保障工程安全生产而设置的相关安全防护设施设备，以及对其进行技术、性能、质量等方面的完善、改造和维护等所发生的相关费用 设置费用主要指直接用于项目安全生产的相关设施设备购置、制作、安装等费用 完善费用主要指因正常损耗或因工程变更导致的安全防护设施设备的补充购置、制作、安装等费用 改造费用主要指为增加安全防护设施设备的安全系数、增强施工安全，对现有安全防护设施设备进行的设计、实验与制作加工等费用 维护费用主要指对现有安全防护设施设备的日常保养费用
2	配备、维护、保养应急救援器材、设备支出和应急演练支出	此项费用是指施工单位应急救援器材、设备的购置、使用、维护、更新以及按照合同约定所组织的应急演练等所发生的相关费用 应急救援指在应急响应过程中，为消除、减少事故危害，防止事故扩大或恶化，最大限度地降低事故造成的损失或危害而采取的救援措施或行动 应急救援器材、设备指在应急救援过程中需要使用的消防、急救等常用的小型器材与设备，不含消防车、救生船等由社会专业救援机构配备的大型救援设备或非常用器材 应急演练指由建设单位或施工单位依据应急预案，模拟应对突发事件组织的应急救援活动
3	重大风险源和安全事故隐患评估、监控和整改支出	此项费用是指针对重大风险源和安全事故隐患进行评估、监控和整改所发生的相关费用 重大风险源指风险影响因素比较复杂，事故发生可能性较大或事故严重程度较高，必须从结构、环境、施工工艺、安全管理等多个角度进行控制和防范的风险源。对于重大风险源的识别，根据风险源的性质、场所、设备、设施等的不同，结合公路水运工程实际情况，重大风险源应重点关注以下几类：易燃、易爆物质的存储区；具有爆炸危险的生产场所；危险性较大分部分项工程 安全事故隐患是指生产经营单位违反安全生产法律、法规、规章、标准、规程和安全生产管理制度的规定，或因其他因素在生产经营活动中存在可能导致事故发生的物的危险状态、人的不安全行为和管理上的缺陷。安全事故隐患分为一般事故隐患和重大事故隐患

续表

序号	类　别	内　容
4	安全生产检查、评价、咨询和标准化建设支出	此项费用是指安全生产检查、评价、咨询和标准化建设过程中所发生的相关费用 安全生产检查指施工单位日常安全生产工作检查以及聘请专业安全机构或专家对项目安全生产情况进行的检查 安全生产评价指施工单位聘请专业安全机构或专家对项目进行的施工安全风险评估，或对其安全方案、安全工作情况进行评价，并出具相应评价报告 安全生产咨询指就安全生产工作中存在的问题向相关专业安全机构、咨询单位或专家进行咨询，由其给出咨询意见 安全生产标准化建设指施工单位按照有关规定或合同约定进行的安全生产方面的标准化建设
5	配备和更新现场作业人员安全防护用品支出	此项费用是指为保障现场施工人员人身安全和身体健康而配备的、供现场施工人员使用的防护必需品所发生的相关费用
6	安全生产宣传、教育、培训支出	此项费用是指施工单位在施工现场对安全生产进行宣传，对施工人员进行安全知识教育、安全技术交底、安全操作规程培训等所发生的相关费用
7	安全生产试用的新技术、新标准、新工艺、新装备的推广应用支出	此项费用是指施工单位配合相关科研机构，对其安全生产方面的新技术、新标准、新工艺、新装备等研究成果进行试用所发生的相关费用
8	安全设施及特种设备检测检验支出	此项费用是指施工单位邀请法定检测检验机构对相关安全设施及特种设备进行安全性检测检验所发生的相关费用
9	其他安全生产费用支出	此项费用是指不在以上范围内，由施工单位根据项目实际情况，在投标书中列支的相关安全生产费用

表 1-5　　　　各类安全生产专项费用清单

序号	类　别	清单细目
1	设置、完善、改造和维护安全防护设施设备支出	施工现场安全防护费。安全防护设施包括：临边、临口、临水等危险部位防坠、防滑、防溺水等设施；防止物体、人员坠落而设的安全网、棚；其他与工程有关的交叉作业防护、防火、防爆、防尘、防毒、防雷、防风、防汛、防地质灾害、有害气体监测、通风、临时安全防护等 警示、照明等灯具费。警示、照明等灯具包括：施工车辆、船舶、机械、构造物的警示灯，危险报警闪光灯，施工区域内夜间警示灯、照明灯等灯具 警示标志、标牌费。警示标志、标牌包括：各类警告、提醒、指示等 安全用电防护费。安全用电防护设施包括：各种用电专用开关、室外使用的开关、防水电箱、高压安全用具、漏电保护等设施 施工现场围护费。施工现场围护设施包括：改扩建工程施工围挡，施工现场高压电塔、杆围护，施工现场光缆围护等。对施工围挡有特殊要求路段的围挡费用不在此列 其他安全防护设备与设施费。应计入安全生产费用的其他安全防护设备与设施的完善、改造和维护等费用
2	配备、维护、保养应急救援器材、设备支出和应急演练支出	应急救援器材与设备的配备（或租赁）、维护、保养费，这些器材及设备包括：灭火器、消防斧等小型消防器材，急救箱、急救药品、救生衣、救生圈、应急灯具、救援梯、救援绳等小型救生器材与设备。特殊季节或特殊环境下拖轮调遣拖运、警戒船只的租赁费用。救生船、消防车、救护车等大型专业救援设备所发生的相关费用不在此列 应急演练费。由建设单位或施工单位依据应急预案，模拟应对突发事件组织的应急救援活动中，应由施工单位分担或由施工单位自行负责的部分或全部费用
3	重大风险源和安全事故隐患评估、监控和整改支出	重大风险源和事故隐患评估费。由建设单位、相关行政主管部门组织的，或施工单位委托专业安全评估单位对项目重大风险源、重大事故隐患进行评估所发生的相关费用 重大风险源监控费。对项目重大风险源进行日常监控所发生的相关费用。施工监控不在此列 重大事故隐患整改费。根据建设单位、相关行政主管部门或专业安全评估单位出具的评估报告，对重大事故隐患进行整改所发生的相关费用

续表

序号	类　别	清单细目
4	安全生产检查、评价、咨询和标准化建设支出	日常安全检查费。施工单位专职安全员日常安全巡视所发生的车辆与相关器材使用费，车辆与器材的购置费用不在此列 专项安全检查费。施工单位聘请专业安全机构或专家对项目安全生产过程中的特殊部位、特殊工艺、特别设备的施工安全检查所支付的相关费用 安全生产评价费。施工单位聘请专业安全机构或专家对项目专项施工方案、风险评估进行讨论、论证、评估、评价所支付的相关费用，不包括新建、改建、扩建项目安全评价 安全生产咨询、风险评估费。施工单位就安全生产工作中存在的问题向相关专业安全机构、咨询单位或专家进行咨询所支付的相关费用。按规定开展施工安全风险评估管理费用 安全生产标准化建设费。施工单位按照有关规定或合同约定开展安全生产方面的标准化建设费用
5	配备和更新现场作业人员安全防护用品支出	安全防护物品配备费。施工单位根据有关规定在日常施工中必须配备的安全帽、安全绳(带)、手套、雨靴、工作服、口罩、防毒面具、防护药膏等安全防护物品的购置费用 安全防护物品更新费。施工单位对安全防护物品的正常损耗进行必要补充所产生的费用
6	安全生产宣传、教育、培训支出	安全生产宣传费。包括制作安全宣传标语、条幅、图片、视频等宣传资料所发生的费用 安全生产教育培训费。包括施工单位对施工人员进行安全技术交底、安全操作规程培训、安全知识教育等支出的课时费，安全报纸、杂志订阅或购置费，安全知识竞赛、技能竞赛、安全专题会议等活动费用，安全经验交流、现场观摩等费用
7	安全生产适用的新技术、新标准、新工艺、新装备的推广应用支出	增设隧道门禁系统、隧道内风险控制监控系统、桥梁作业面远程监控系统等所发生的相关费用
8	安全设施及特种设备检测检验支出	安全设施检测检验费。施工单位对拟投入本项目的安全设施送交或邀请具有相关资质的检测检验机构进行检测检验，并出具相关报告所发生的费用 特种设备检测检验支出。施工单位根据有关规定对拟投入本项目的特种设备邀请具有相关资质的检测检验机构进行检测检验，并出具相关报告所发生的费用
9	其他安全生产费用支出	办公用品费。专职安全员办公用计算机、照相器材等办公必需的设施配备费用 雇工费。保障施工安全，对施工现场进出口部位进行交通管制而雇用交通协管人员进行看护所支出的人工费用 其他费用。招投标时不可预见的、在施工过程中经建设单位与监理单位认可的、可在安全生产费中列支的其他与安全生产直接相关的费用

二、安全生产专项费用的计量与支付

(1)安全生产专项费用的计量与支付应按照施工单位申报、监理单位审查核实、建设单位审批支付的程序实施。

(2)安全生产专项费用的计量与支付应以现场计量为主,并以现场计量与总额包干相结合的方式进行,原则上以当月计价施工产值为计提依据。

(3)安全生产专项费用的计量应由施工单位制定计量报表、计价清单,并附有安全生产专项费用投入使用的相关证实性书面材料。监理单位应及时审查相关资料,必要时应予以追溯。

(4)施工总承包单位依法将部分工程进行专业分包时,分包合同中应明确专业分包工程安全生产专项费用及支付条款,根据分包单位的投入使用情况专款专用,及时支付。

(5)工程发生重大设计变更,合同总金额发生较大变化的,应按合同中安全生产专项费用变更的相关约定处理。若合同无相关约定的,应由施工单位与建设单位协商解决。

(6)安全生产专项费用应做到专款专用,按照“投入多少支付多少”的原则实施。当施工单位实际投入少于投标安全生产专项费用报价时,经监理单位核实,余额部分应不予支付。

综合实训

某老路扩建项目建安费造价 5000 万元,请你确定安全生产专项费用数额;确定可计量的安全费用项目有哪些?

安全生产费用计量清单如表 1-6 所示。

表 1-6　　某高速公路安全生产费用计量清单

序号	类　别	细　目	细目名称	单位	单价(元)	数量	合价(元)
1	安全标牌、设施	道口安全设施	警示标志牌				
			限速、减速带				
			防撞墩(桶)				
			反光锥				
			爆闪灯				
			限高限宽架				
			重大路口太阳能指示板				
			……				
		其他安全标牌	宣传标志牌				
			现场安全警示标牌				

续表

序号	类　别	细　目	细目名称	单位	单价（元）	数量	合价（元）
2	临边防护	防护网	防护绿网				
			防坠网				
			隔离栅				
		栏杆	钢管栏杆（红白相间标志明显）				
			木质栏杆（红白相间标志明显）				
		警示防护	彩钢瓦				
			彩条布				
			防撞桶				
			隔离墩				
			水马围挡				
			挡车器				
			……				
3	特种设备	龙门吊	检测验收				
			固定、限位措施增加				
		（起重机）吊车	检测验收				
		压力容器	检测验收				
		大型支架检测	检测验收				
		避雷针	设备及检测验收				
		其他特种设备	检测验收				
4	视频监控费用	关键结构施工现场	现浇连续梁、特大桥、大桥、公铁立交等				
		拌和站、预制场					
		实验室					
		维护费					

续表

序号	类别	细目	细目名称	单位	单价(元)	数量	合价(元)
5	临时用电	线路套管保护					
		变压器围栏(网)					
		配电箱防护棚					
		变压器防护屋(室)	建筑成本费				
		令克棒					
6	安全用品	消防器材	灭火器				
			设备支架				
			消防沙、消防铲、消防桶				
			消防服				
			消防推车				
			消防水管				
		防汛物资	救生衣、救生圈				
			粗麻绳				
			编织袋				
			铁锨				
			雨靴				
			……				
		劳保用品	安全帽				
			安全带				
			绝缘鞋				
			安全服(作业人员)				
			电焊工护目镜				
			防毒面具				
			绝缘手套				
			口罩				
			……				
		配备的急救品	急救箱、绷带等				

续表

序号	类别	细目	细目名称	单位	单价(元)	数量	合价(元)
7	安全检查	上级主管部门或安全监督职能部门组织的安全检查费	宣传资料费				
			检查会务费				
8	重大危险源	在本项目所在地组织的评估,驻地办安全监理工程师参加评估	差旅费				
			食宿费				
			资料印刷费				
			专项评估费				
		危化品	运输、储存、使用、防护				
			……				
9	专项安全方案论证	专家费	咨询费				
			差旅费				
		会务费	会议组织费				
			资料印刷费				
			……				
10	安全教育培训及考核	项目统一组织	资料印刷费				
			会务费				
			……				
		项目部内部组织	资料印刷费				
		考核费用	考试费				
			奖金支出				
11	应急预案演练	演练费用					
12	安全专题会议	安全专题会议费用					
13	安全宣传	宣传条幅	条幅费				
		安全员袖标					
		书籍、刊物	资料费				
		便携式扩音器					

续表

序号	类 别	细 目	细目名称	单位	单价(元)	数量	合价(元)
14	办公用品(安全管理专用)	数码相机					
		摄像机					
		投影仪					
		电脑					
15	安全专用车	租赁费(含驾驶员)					
		燃油费					

任务三 安全生产风险评估

教学目标	能力目标	1. 能够认知风险评估步骤。 2. 能够对公路桥梁工程进行安全生产评估。
	素质目标	培养学生利用所学知识解决具体问题的能力。
	知识目标	1. 了解常用风险评估方法。 2. 熟悉风险评估步骤。

教学方案：利用案例，结合安全相关知识在工程中的应用进行学习，以加深学生的印象，增强教学效果。

引入

工程开工前，应充分认识到工程施工中可能会面临的各种风险，从而提前采取对策与措施，这就需要采取科学的方法对风险进行评估。风险评估有如下规定：

(1)施工安全风险评估，主要是指针对工程施工过程各项作业活动、作业环境、施工设备(机具)、危险物品、施工方案中的潜在风险而开展的风险源辨识、分析、估测、预控等系列工作。

(2)施工单位应根据风险评估结论，完善施工组织设计和危险性较大分部分项工程专项施工方案，制定相应的专项应急预案，对项目施工过程实施预警预控。

(3)施工安全风险评估应遵循动态管理的原则，当工程设计方案、施工方案、工程地质、水文地质、施工队伍等发生重大变化时，应重新进行风险评估。

(4)风险评估报告经监理单位审核后，应向建设单位报备。对于极高风险(Ⅳ级)施工作业，建设单位须组织专家或安全评价机构进行论证或复评估，提出降低风险的措施建议。当风险等级无法降低时，应及时调整设计、施工方案，并向公路水运工程安全生产监督管理部门备案。

(5)工程开工后，监理单位应督查施工单位安全风险控制措施的落实情况，并予以记录。对施工中存在的重大事故隐患应及时指出并督促整改，对施工单位拒不整改的，应及时向建设单位报告。

(6)施工安全风险评估工作费用应在项目安全生产费用中列支。

知识介绍

一、评估程序

施工安全风险评估应按照成立评估小组、制定评估计划、选择评估方法、开展风险分析、进行风险估测、确定风险等级、提出措施建议、编制评估报告的程序进行(见图1-3)。

监理单位在审查工程施工组织设计、危险性较大分部分项工程专项施工方案、应急预案时,应同时审查施工安全风险评估报告。无风险评估报告的,不得签发开工令。

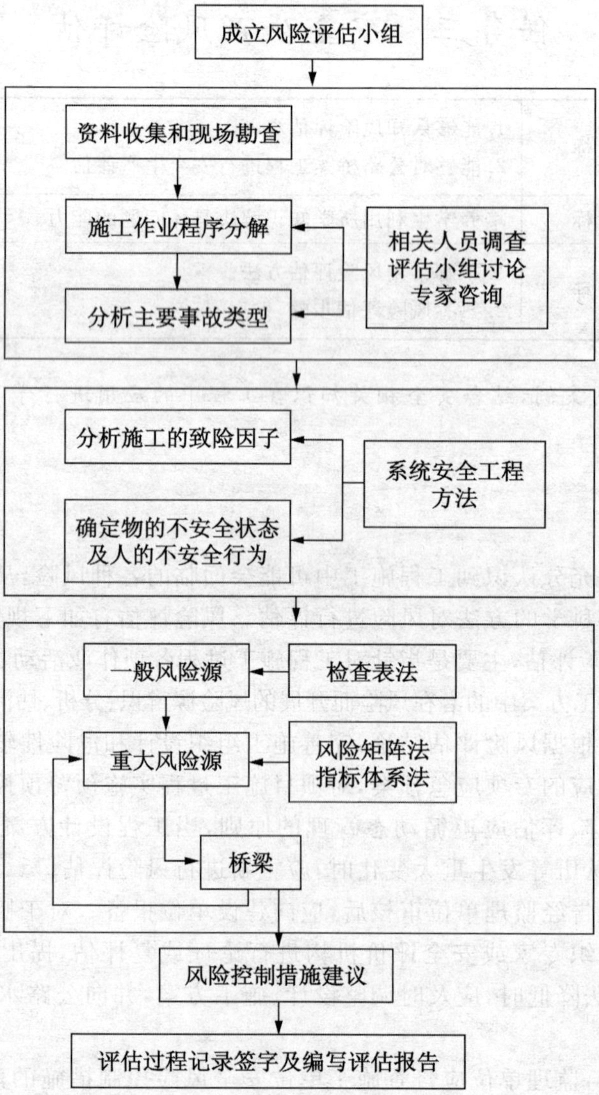

图1-3 风险评估程序

二、评估阶段

施工安全风险评估分为总体风险评估和专项风险评估两个阶段。

总体风险评估是指在编制施工组织设计的同时，根据工程地质环境条件、建设规模、结构特点等孕险环境与致险因子，评估工程整体风险，估测其安全风险等级。总体风险评估属于静态评估。

专项风险评估是指在编制专项施工方案的同时，将施工作业活动（或施工区段）作为评估对象，根据其作业风险特点以及类似工程事故情况，进行风险源普查，并针对其中的重大风险源进行量化估测，提出相应的风险控制措施。专项风险评估属于动态评估。

三、评估方法

评估方法应根据被评估项目的工程特点，选择相应的定性或定量的风险评估方法。常用风险评估方法如表 1-7 所示。

表 1-7　　风险评估方法汇总

分类	名　称	优　点	缺　点	适用范围
定性分析方法	专家评议法	简单易行，比较客观。所得结论比较全面、正确，能够对各种模糊的、不确定的问题作出较为准确的回答	易受主观因素的影响，有可能使结果产生偏差，容易偏保守	该方法适用于难以借助精确的分析技术而可依靠专家的集体直观判断进行预测的危险源分析问题
	专家调查法（包括智暴法、德尔菲法）	可防止由于专家多而产生当面交流困难、效率低。避免因权威作用或人数多而压倒其他意见、多次征询意见	由于专家不能当面交流，缺乏沟通，可能会坚持错误意见。由于是函询法，且又多次重复，会使某些专家最后不耐烦而不仔细考虑填写。具有专家评议法的缺点	难以借助精确的分析技术而可依靠集体的直观判断进行预测的风险分析问题 问题复杂、专家代表不同的专业并没有交流的历史 受时间、经费限制，或因专家之间存有分歧、隔阂不宜当面交换意见

续表

分类	名称	优点	缺点	适用范围
半定量分析方法	“如果……怎么办”法(if then)	经济有效，可充分发挥专业人员的知识特长，集思广益，可找出一个工程所存在的危险、有害性及其程度，提出消除或降低其危险性、有害性的对策措施，比较醒目、直观	该方法要求参与人员要熟悉工艺、设备，并且收集类似工程的有关情况，以便分析、综合判断 该方法对于较大的系统进行分析时，表格数量多，工作量大，且容易产生错漏	该方法既可适用于一个系统，也可适用于系统中的某一环节，适用范围较广。但不适用于较大系统的分析，只适用于系统中某一环节或小系统的分析
	失效模式和后果分析法	对于一个系统内部每个不见的失效模式或不正常运行模式都可进行详细分析，并推断它对于整个系统的影响、可能产生的后果及如何才能避免或减少损失	只能用于考虑非危险性失效，花费时间，一般不能考虑各种失效的综合因素	可用在整个系统的任何一级，常用于分析某些复杂的关键设备
	事故树法	对导致灾害事故的各种因素及逻辑关系能作出全面、简洁和形象的描述，便于查明系统内固有的或潜在的各种危险因素，为设计施工和管理提供科学依据 便于进行逻辑运算，进行定性、定量分析和系统评价	事故树法步骤较多，计算较复杂	事故树法应用较广，非常适合于复杂性较大的系统 工程设计阶段对事故进行查询时，可以使用此法对它们的安全性作出评价，经常用于直接经验较少的危险源辨识
	事件树法	事件树法是一种图解形式，层次清楚、阶段明显，可进行多阶段、多因素复杂事件动态发展过程的分析，预测系统中事故发生的趋势	国内外数据较少，进行定量分析还需做大量的工作 用于大系统时，容易产生遗漏和错误 不能分析平行产生的后果，不能进行详细分析 事件树的大小随着问题中变量数的增加呈指数增长	事件树可以用来分析系统故障、设备失效、工艺异常、人为失误等，应用比较广泛

续表

分类	名称	优点	缺点	适用范围
半定量分析方法	影响图法	影响图法能够明显地表示一个决策分析问题中变量之间的条件独立关系 能够清晰地表示变量之间的时序关系、信息关系和概率关系。这种图形表示方式适合决策者认识问题的思维过程 影响图的网络表示形式，便于用计算机存储信息与操作处理	节点的边缘概率和节点间的条件概率难以得到 进行主观概率估计时，可能会违反概率理论	影响图法与事件树法适用性类似，但影响图法比事件树法有更多的优点，因此，也可以应用于较大的系统分析
	原因—结果分析法	原因—结果分析法的实质是事件树法和事故树法的结合应用，因此，同时具有这两种方法的优点和缺点	其适用性与事故树法和事件树法类似，适用于在设计、操作时用来辨识事故的可能结果及原因。不适用于大型系统	
	风险评价矩阵法	根据系统层次，按次序揭示系统、分系统和设备中的危险源，做到不漏任何一项，并按风险的可能性和严重性分类，以便分别按轻重缓急采取措施，更适合现场作业，可以进行定性和定量分析	主观性比较强，如果经验不足，会给分析带来麻烦。风险严重等级及风险发生频率是研究者自行确定的，存在较大的主观误差	该方法可根据使用的需求对风险等级划分进行修改，使其适用不同的分析系统，但需要一定的工程经验和数据资料依据。其既可适用于整个系统，又可适用于系统中的某一环节
定量分析方法	模糊数学综合评判法	模糊数学综合评判法给出了一个数学模型，简单、易掌握，是对多因素、多层次的复杂问题评判效果比较好的方法，适用性较广	模糊数学综合评判法隶属函数或隶属度的确定、评价因素对评价对象的权重的确定都有很大的主观性，其结果也存在较大的主观性同时对于多因素、多层次的复杂评价，其计算则比较复杂	模糊数学综合评判法适用于任何系统的任何环节，其适用性比较广

续表

分类	名 称	优 点	缺 点	适用范围
定量分析方法	层次分析法	具有适用、简洁的特点	AHP得出的结果是粗略的方案排序。对于那种有较高定量要求的决策问题，单纯应用APH的使用过程中，无论是建立层次结构还是构造判断矩阵，人的主观判断、选择、偏好对结果的影响极大，判断失误即可能造成决策失误，这就使得用APH进行决策主观成分很大	应用领域比较广阔，可以分析社会、经济以及科学管理领域中的问题。适用于任何领域的任何环节，但不适用于层次复杂的系统
	蒙特卡洛模拟法	能够用于包括随机变量在内的任何计算类型 考虑的变量数目不受限制 用于计算的随机变量可以根据具体数据采用任何分布形式 可以更有效地发挥专家的作用	能够在实际中采取的模拟系统非常复杂，建立模型很困难 没有计入风险因素之间的相互影响，使得风险估计结果可能偏小	比较适合在大中型项目中应用。可以解决许多复杂的概率运算问题，以及适合于不允许进行真实实验的场合。对于那些费用高的项目或费时长的实验，具有很好的优越性 一般只在进行较精细的系统分析时才使用，适用于问题比较复杂、要求精度较高的场合，特别是对少数可行方案实行精选比较时十分必要
	等风险图法	该方法的优点是方便直观、简单有效，对任何一个具体项目，只要得到其风险发生概率和风险后果，就可直接得到其风险系数	该方法需要得到风险发生概率和风险后果两个变量值，而这两个值在实际操作中不易得到，需要借助其他分析方法，因此，也含有其他分析方法的缺点。同时，根据等风险图只能确定风险系数位于哪一个区间内，如果想得到具体数值，还需要进行计算	该方法适用于对结果要求精确度不高，只需要进行粗略分析的项目。同时，如果只进行一个项目一个方案分析，该方法相对繁琐，所以该方法适用于多个类似项目同时分析或一个项目的多个方案比较分析时使用

续表

分类	名称	优点	缺点	适用范围
定量分析方法	控制区间记忆模型	该方法用直方图代替变量的概率分布，用“和”代替函数积分，变量的概率分布采取经验分布形式，使风险因素量化过程变得简单、直观，并且易于实现概率的加法和乘法计算	该方法只适合于各变量间相互独立的情况，且最终结果的精确与否与所取区间大小有很大关系	该模型适用于结果精确要求不高的项目，且只适用于变量间相互独立或相关性可忽略的项目
	神经网络法	具有很强的学习能力、抗故障性和并行性	神经网络综合评估模型在已知数据不足或无法准确构造训练样本集的情况下，需要结合其他综合评估方法得到训练样本集，才能实现对网络的训练	预测问题，原因和结果的关系模糊的场合 模式辨识，设计模糊信息的场合 不一定非要得到最优解，主要是快速求得与之相近的次优解的场合 组合数量非常多，实际求解集合不可能的场合 对非线性很高的系统进行控制的场合
	主成分分析法	能将多个指标转化为少数几个指标进行降维处理 能够将指标之间的关联性考虑在内，但计算比较简单 在大样本的情况下，个别样本对主成本的影响不会很大	评价标准的不可继承性 评价工作的盲目性 评价结果和评价指导思想的矛盾性 需借助较多的统计资料	可适用于各个领域，但其结果只是在比较相对大小时才有意义
	专家信心指数法	具有德尔菲法的优点，一定程度上克服了德尔菲法受个人主观因素影响大的缺点	同德尔菲法	同德尔菲法
	模糊层次综合评估法	同时拥有了层次分析法和模糊数学综合评判法的优点 该方法克服了模糊数学综合评判法中评价因素对评价对象的权重确定主观性强等缺点	除了模糊数学综合评判法的权重确定的主观性的缺点，同时具有层次分析法和模糊数学综合评判法的缺点	其适用范围与模糊数学综合判法一致

续表

分类	名称	优点	缺点	适用范围
综合分析方法	模糊事故树分析法	兼有模糊数学综合评判法和事故树法的优点 避免了对统计资料的强烈依赖性,为事故概率的估计提供了新思路	除了对统计资料的强烈依赖性,同时具有模糊数学综合评判法和事故树法的缺点	适用范围与事故树法相同。与事故树法相比,更适用于那些缺乏基本统计数据的项目
	事故树与模糊数学综合评判组合分析法	兼有事故树法和模糊数学综合评判法的优点 避免了在确定因素集过程中出现错漏 对风险影响系数大的因素进行分析,得到的结果更科学、合理	除了模糊数学综合评判法的权重确定的主观性的缺点,同时具有事故树法和模糊数学综合评判法的缺点	适用范围与事故树法相同

四、风险源辨识

风险源辨识是风险评估的基础,包括三个步骤:工程资料的收集整理、施工作业程序分解、施工作业可能发生的安全事故辨识。

施工作业程序分解时,应按照施工组织设计所确定的施工工艺,划分分部分项工程及工序(单位)作业层次,明确单位作业主要工序、施工方法、作业程序、机械设备和材料等。

施工作业程序分解后,应通过相关人员调查、评估小组讨论、专家咨询等方式,分析评估单元中可能发生的典型事故类型,并形成风险源普查清单。

五、风险分析

风险分析是指采用系统安全工程的方法,结合工序(单位)作业特点、环境条件、施工组织等致险因子,从人、机、料、法、环等方面辨识施工作业活动中的典型事故类型,找出可能受伤害人员、致害物、事故原因等,确定主要的物的不安全状态和人的不安全行为,从而建立风险源普查清单,并通过风险分析和估测,确定重大风险源。

六、风险估测

风险估测是指采用定性或定量的方法,对风险事故发生的可能性及严重程度进行数量估算,并根据制定的风险分级标准和接受准则,对工程风险进行等级分析、危害性评定和风险排序的过程。

风险估测方法应结合工程施工内容、专项施工方案、可能发生的事故特点等因素确定。事故发生可能性评估可选用专家调查法、故障树分析法、事件树分析法等；事故严重程度评估可选用专家调查法等。

一般风险源的风险估测，不宜过分强调精确量化；重大风险源的风险估测，应进行定量风险估测，以确定风险等级。

七、风险等级

风险等级＝事故发生可能性×事故严重程度

式中，“＊”表示事故发生可能性和事故严重程度的组合。事故发生可能性应重点考虑物的状态、人的因素及施工管理缺陷。其中物的状态主要考虑气候环境、地形地貌、施工难度等工程客观条件；人的因素及施工管理缺陷主要考虑总包企业资质、专业及劳务分包企业资质、历史事故情况、作业人员经验、安全管理人员配备及安全投入情况。

事故严重程度根据实际情况考虑人员伤亡、直接经济损失、工期延误、环境破坏、社会影响等方面的后果，可划分为四个等级（一般、较大、重大和特大）。当多种后果同时产生时，应采用就高原则确定事故严重程度等级。

八、评估资料

施工安全风险评估的基础资料应包括以下内容：

(1)项目可行性研究报告。

(2)工程水文、地质勘察报告等。

(3)施工图设计文件。

(4)工程设计阶段风险评估报告。

(5)施工组织设计。

(6)施工单位类似工程业绩，本项目拟投入的机械设备、技术人员以及施工工法等相关资料。

(7)类似工程安全事故案例。

(8)相关法律法规及标准规范。

九、评估报告

风险评估工作应形成评估报告。评估报告应反映风险评估过程的主要工作。报告内容应包括评估依据、工程概况、评估方法、评估步骤、评估内容、评估结论及对策建议等。

评估结论应明确风险等级、可能发生事故的关键部位、区域或节点、事故发生概率、规避或降低风险的建议措施等内容。

Ⅲ级（高度风险）及以上施工作业活动（施工区段）的风险控制，应符合下列规定：

(1)重大风险源的监控与防治措施、应急预案经施工单位技术负责人和项目总监理工程师审批后，由建设单位组织论证或复评估后实施。

(2)建立重大风险源的监测及验收、日常巡查及记录、定期报告的工作制度，并组织实施。

(3)施工项目经理或技术负责人在工程施工前，应对施工人员进行安全技术培训及交底；施工现场应设立相应的危险告知牌。

(4)适时组织对典型的重大风险源应急救援演练。

(5)当专项风险等级为Ⅳ级（极高风险）且无法降低时，必须提高现场防护标准，落实应急处置措施，视情况开展第三方施工监测；未采取有效措施的，不得施工。

评估人员根据评估目的、评估对象特点，确定可行的评估工作组织形式，合理选用评估方法，也可选用其他方法，鼓励创新。

综合实训

根据如下工程实际案例完成课题任务。某桥为 3×20 组合箱梁桥，梁采用预制安装工艺，请对此桥进行风险评估。

某桥梁工程施工安全风险评估

一、编制依据

(1)《中华人民共和国安全生产法》（中华人民共和国主席令[2002]第 70 号）、《中华人民共和国建筑法》（中华人民共和国主席令[1997]第 91 号）、《建设工程安全生产管理条例》（中华人民共和国国务院令[2003]第 393 号）。

(2)交通运输部《公路桥梁和隧道工程施工安全风险评估指南》（2011 年）、交通运输部《关于开展公路桥梁和隧道工程施工安全风险评估试行工作的通知》（交质检发[2011]217 号）。

(3)山东省《公路桥梁和隧道工程施工安全风险评估实施细则》。

(4)施工招标文件、设计图纸。

(5)国家有关公路施工的施工技术规范、技术标准。

(6)现场踏勘调查、搜集的实地资料；类似工程中的施工经验和相关工程的技术总结等。

(7)实施性施工组织设计、施工技术方案等。

二、工程概况

（一）项目概况

主要桥梁结构物及结构形式：采用桩基础、柱式墩（台），上部现浇箱梁互通主线桥（206m/座）。

（二）地形、地质

项目区域地质构造较复杂，工程地质条件较好，地质灾害危险性小，建设用地适宜性为适宜。拟建公路所经区域的震动峰值加速度为 0.05g，对应地震基本烈度为Ⅵ度，地震反应谱特征周期为 0.45s。工程区域以低液限粉土、低液限黏土及粉土质砂为主，多层结构居多，上层多为粉性土和黏性土，一般地基容许承载压强为 90～130kPa。除局部软土、粉性土及上部表土因地下水位埋深较浅、性质偏软，土基强度较好，其他工程地质条件较好，总体适宜公路建设。

沿线部分地段存在弱氯盐渍土及弱亚氯盐渍土，属内陆低洼平原地区存在的盐渍土，其硫酸钠指标低于1%，不具有盐胀性。

（三）气象、水文

路线所经区域季风影响显著，属东亚暖温带湿润大陆性季风气候区，四季分明，冷热干湿界限明显，春季干旱多风回暖快，夏季炎热多雨，秋季凉爽多晴天，冬季寒冷少雪多干燥，具有显著的大陆性气候特征，光照资源丰富。年平均气温为12.4℃～12.9℃。全年雨量较少，为省内降水最少区域。降水季节分配极不均匀，旱涝灾害严重，春季雨水较少，盛夏多雨，秋季少雨，冬季寒冷干燥。

拟建项目沿线河流、沟渠密布，河床宽浅，水流速度慢，淤积严重。地形呈西南高、东北低，多数河流为人工河流。地下水位埋深一般为3.1～10.2m，大致从北往南由浅渐深。沿线地下水受季节影响起伏较大。

三、施工阶段风险评估过程和评估方法

（一）施工风险评估范围

桥梁施工过程中可能存在的安全风险。

（二）施工阶段风险评估过程

根据《关于开展公路桥梁和隧道工程施工安全风险评估试行工作的通知》（交质监发[2011]217号）要求及《公路桥梁、隧道安全风险评估指南》有关内容，结合本标段工程建设实际情况，本标段桥梁风险评估基本过程如下（见图1-4）：

（1）对施工阶段的初始风险进行评价，分别确定各风险因素发生的概率和可能造成的损失。

（2）分析各风险因素的影响程度，主要确定风险因素对施工安全的影响。

（3）提出各风险因素的等级，综合确定桥梁风险等级。

（4）根据评价结果制定相应的管理方案和措施，并确定监控责任。

（5）上级单位对风险评估报告进行审查，并提出修正意见。

（6）根据上级部门意见及专家意见，完善风险评估报告并执行。

（三）施工阶段风险评估方法

采用指标体系法进行总体风险评估。专项风险评估应通过相关人员调查、评估小组专家讨论进行风险源辨识，同时对风险源进行风险分析，确定一般风险源和重大风险源。一般风险源的估测采用检查表法，以相对风险等级来确定；重大风险源采用风险矩阵法来确定风险等级，然后通过桥梁管理领导小组对评估报告进行评审，对风险等级及风险应对措施提出指导性意见，满足现阶段公路桥梁施工风险评估的需要。根据修改后的风险评估报告，进行施工建设阶段的风险管理。

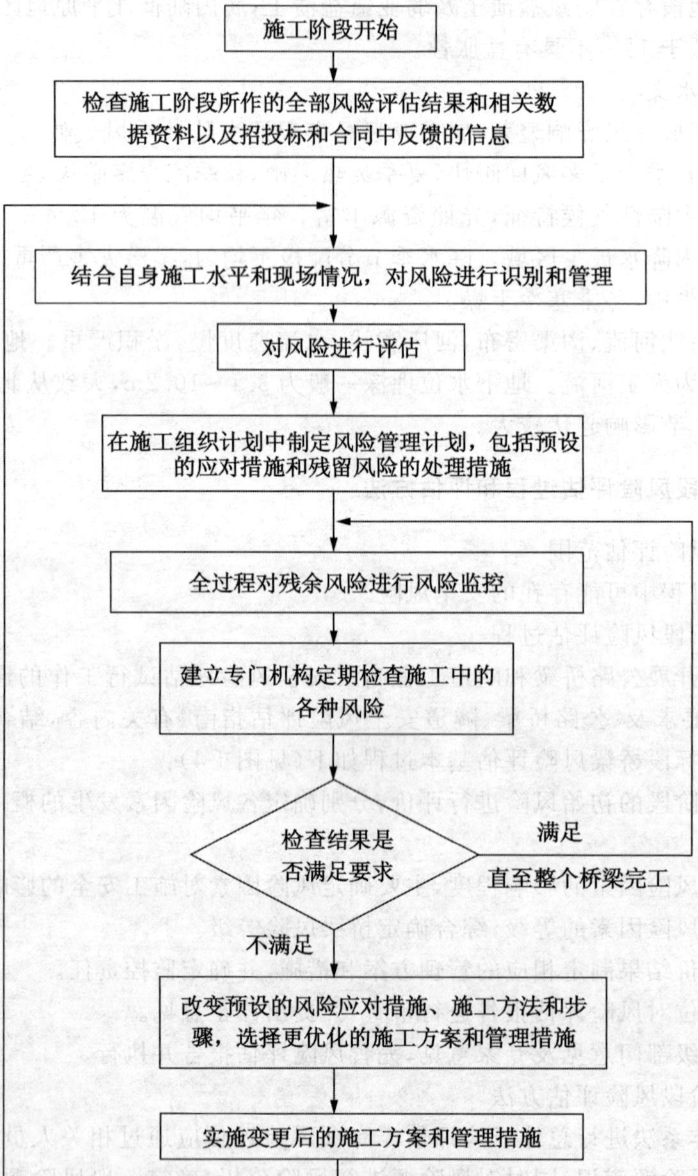

图 1-4　施工阶段风险评估流程图

四、桥梁施工评估

(一)总体风险评估

桥梁工程施工安全总体风险评估主要考虑桥梁建设规模、地质条件、气候环境条件、地形地貌、桥位特征及施工工艺成熟度等评估指标，评估桥梁的整体风险。

1. 桥梁工程施工安全总体风险分级标准(见表 1-8)

表 1-8　　风险分级标准

风险等级	计算分值 R
等级Ⅳ(极高风险)	14 分及以上
等级Ⅲ(高度风险)	8～13 分
等级Ⅱ(中度风险)	5～8 分
等级Ⅰ(低度风险)	0～4 分

2. 桥梁风险评估(见表 1-9)

表 1-9　　K17＋602.9 互通主线桥风险评估汇总

<table>
<tr><th>评估指标</th><th colspan="2">分　类</th><th>分　值</th><th>得分</th></tr>
<tr><td rowspan="2">建设规模
(a_1)</td><td colspan="2">100m≤L≤1000m 或 40m≤L_K≤150m</td><td>1～2</td><td rowspan="2">1</td></tr>
<tr><td colspan="2">L＜100m 或 L_K＜40m</td><td>0～1</td></tr>
<tr><td>地质条件
(a_2)</td><td colspan="2">地质条件较好,基本不影响施工安全因素</td><td>0～1</td><td>1</td></tr>
<tr><td>气候环境条件
(a_3)</td><td colspan="2">气候条件良好,基本不影响施工安全</td><td>0～1</td><td>0</td></tr>
<tr><td>地形地貌条件
(a_4)</td><td colspan="2">平原区</td><td>0～1</td><td>1</td></tr>
<tr><td rowspan="2">桥位特征
(a_5)</td><td>跨江河</td><td>通航等级 7 级及等外</td><td>0～1</td><td rowspan="2">6</td></tr>
<tr><td>陆地</td><td>跨线桥(公路、铁路等)及其他特殊桥</td><td>3～6</td></tr>
<tr><td>施工工艺成熟度
(a_6)</td><td colspan="2">施工工艺较成熟,国内有相关应用</td><td>0～1</td><td>1</td></tr>
</table>

注:本桥 $R=a_1+a_2+a_3+a_4+a_5+a_6=10$。

根据总体风险划分标准,该桥安全风险等级属Ⅲ级,为高度风险桥梁。根据《公路桥梁与隧道工程施工安全风险评估指南》规定,需对其进行专项风险评估。

3. 风险接受准则与采取的风险处理措施(见表 1-10)

表 1-10　　风险接受准则与采取的风险处理措施

风险等级	接受准则	处理措施
低度	可忽略	此类风险较小,不需采取风险处理措施和监测
中度	可接受	此类风险次之,不需采取风险处理措施,但需予以监测
高度	不期望	此类风险较大,必须采取风险处理措施降低风险并加强监测,且满足降低风险的成本不高于风险发生后的损失
极高	不可接受	此类风险最大,必须高度重视并规避,否则要不惜代价将风险至少降低到不期望的程度

(二)专项风险评估

1. 专项风险评估

专项风险评估流程如图 1-3 所示。

2. 成立工程风险评估与管理小组

(1)风险管理领导小组及工作职责。

组长:

副组长:

成员:

(2)职责分工。

组长:负责安全评估与管理工作的领导工作,制定施工阶段风险评估工作实施细则。

副组长:根据分组的情况开展本组的管理工作,并向组长负责。

成员:在组长及副组长的领导下,开展安全评估与管理工作,成立抢险小组,并落实各项具体措施;与项目部其他相关部门紧密联系,共同抓落实,从人、财、物各方面给予安全评估与管理工作切实的保障。

3. 安全风险源普查(见表 1-11)

表 1-11　　桥梁工程施工安全风险源普查清单

序号	风险源	判断依据
1	管理措施不当	专家咨询
2	施工人员素质低	小组讨论
3	材料质量不合格	相关人员调查
4	安全设施不到位	专家咨询
5	操作不当	相关人员调查
6	作业不当	小组讨论
7	物体打击	专家咨询
8	作业环境	小组讨论

4. 风险分析

评估小组从人、机、料、法、环等方面对可能导致事故的致险因子进行分析。致险因子分析采用系统安全工程的方法,通过评估小组讨论会的形式实施,并采用鱼刺图法进行分析(见图 1-5)。

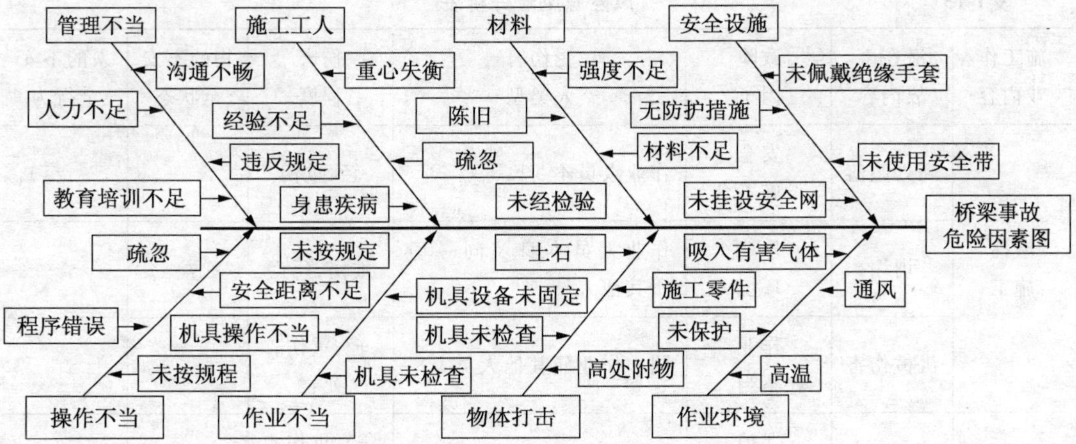

图 1-5 风险分析鱼刺图

分析致险因子时重点分析可能导致事故发生的物的不安全状态和人的不安全行为，并结合以往施工中发生的典型事故得出如表 1-12 和表 1-13 所示事故类型对照表和风险源风险分析表。

表 1-12　　桥梁工程主要施工作业活动与典型事故类型对照表

事故类 / 主要作业内容	物体打击	高处坠落	触电	起重伤害	机械伤害	车辆伤害	中毒窒息	坍塌
钢筋工程施工作业	☆		☆		☆			
混凝土工程施工作业	☆	☆		☆	☆	☆		☆
墩柱施工		☆			☆			☆
模板、支架安装与拆除	☆	☆						☆
钢筋工程施工作业	☆		☆		☆			
满堂脚手架现浇法作业		☆		☆	☆			☆
现浇箱梁混凝土施工		☆	☆	☆	☆			
桥面防水与铺装施工		☆			☆			

表 1-13　　　　风险源风险分析表

施工作业内容	潜在事故内容	致险因子	受伤害人类型	伤害程度	物的不安全状态	人的不安全行为
墩柱施工	高处坠落	安全设施不全	作业人员本身	轻、重伤		☆
	坍塌	作业环境	作业人员本身及同一场所其他人员	重伤、死亡	☆	☆
	机械伤害	作业不当	同一作业面其他人员	轻、重伤、死亡		☆
钢筋工程施工作业	触电	保护设施不全	作业人员本身	轻、重伤、死亡		☆
	物体打击	钢筋碎片	同一作业面其他人员	轻、重伤		☆
	机械伤害	操作不当	作业人员本身	轻、重伤		☆
模板、支架安装与拆除	高处坠落	安全设施不全	作业人员本身	轻、重伤		☆
	坍塌	施工人员、方法	作业人员本身及同一场所其他人员	轻、重伤、死亡	☆	☆
	物体打击	物体打击	同一作业面其他人员	轻、重伤		☆
满堂脚手架现浇法作业	高处坠落	安全设施不全	作业人员本身	轻、重伤		☆
	起重伤害	作业不当	同一作业面其他人员	轻、重伤、死亡	☆	
	坍塌	施工人员、方法	作业人员本身及同一场所其他人员	重伤、死亡	☆	☆
	机械伤害	操作不当	作业人员本身	轻、重伤		☆
现浇箱梁混凝土施工	高处坠落	安全设施	作业人员本身	轻、重伤		☆
	机械伤害	操作不当	作业人员本身	轻、重伤		☆
	起重伤害	作业不当	同一作业面其他人员	轻、重伤、死亡	☆	
	触电	安全防护不当	作业人员本身	重伤、死亡		☆

续表

施工作业内容	潜在事故内容	致险因子	受伤害人类型	伤害程度	物的不安全状态	人的不安全行为
桥面防水与铺装施工	高处坠落	安全防护不到位	作业人员本身	轻、重伤	☆	☆
	机械伤害	操作不当	作业人员本身	轻、重伤		☆

5. 风险估测

风险估测是采用定性和定量的方法对风险事故发生的可能性及严重程度进行数量估算。评估小组通过风险矩阵法和指标体系法对本项目桥梁工程进行风险估测（见表1-14）。

表 1-14　风险估测汇总

编号	风险源		风险估测			
	作业内容	潜在事故类型	严重程度		可能性	风险大小
			人员伤亡	经济损失		
1	墩柱施工	高处坠落	较大	较大	有可能	高度
		坍塌	一般	一般	偶然	高度
		机械伤害	一般	一般	有可能	中度
2	钢筋工程施工作业	触电	一般	一般	很可能	高度
		物体打击	一般	一般	可能	中度
		机械伤害	一般	一般	很可能	高度
3	模板、支架安装与拆除	高处坠落	一般	一般	可能	中度
		物体打击	一般	一般	可能	中度
		坍塌	重大	重大	偶然	高度
4	满堂脚手架现浇法作业	高处坠落	较大	一般	可能	高度
		起重伤害	较大	较大	偶然	中度
		坍塌	重大	重大	可能	高度
		机械伤害	较大	一般	可能	高度
5	现浇箱梁混凝土施工	高处坠落	较大	一般	可能	高度
		机械伤害	一般	一般	可能	中度
		起重伤害	较大	较大	偶然	中度
		触电	一般	一般	可能	中度
6	桥面防水与铺装施工	高处坠落	较大	一般	可能	高度
		机械伤害	一般	一般	可能	中度

6.重大风险源风险估测

重大风险源估测按《指南》推荐的风险矩阵法和指标体系法进行动态风险估测。其中，物的状态主要考虑环境因素和施工难度，人的因素及施工管理主要考虑企业情况、作业人员经验、安全投入等。事故可能性取决于物的状态引起的事故可能性与人的因素及施工管理引起的风险抵消的耦合。事故可能性等级标准如表 1-15 所示。

表 1-15　事故可能性等级标准

概率范围	中心值	概率等级描绘	概率等级
＞0.3	1	很可能	4
0.03～0.3	0.1	可能	3
0.003～0.03	0.01	偶然	2
＜0.003	0.001	不太可能	1

事故严重程度主要考虑人员伤亡和直接经济损失。根据人员伤亡类别或直接经济损失，其等级可以分为四级（见表 1-16 和表 1-17）。

表 1-16　人员伤亡等级标准

等　级	1	2	3	4
定性描述	一般	较大	重大	特大
人员伤亡	死亡（失踪）＜3 或重伤＜10	3≤死亡（失踪）＜10 或 10≤重伤＜50	10≤死亡（失踪）＜30 或 50≤重伤＜100	死亡（失踪）≥30 或重伤≥50

表 1-17　直接经济损失等级标准

等　级	1	2	3	4
定性描述	一般	较大	重大	特大
经济损失（万元）	$Z<10$	$10\leqslant Z<50$	$50\leqslant Z<500$	$Z\geqslant 500$

专项风险等级划分为四级（见表 1-18）。

表 1-18　专项风险等级标准

严重等级程度 / 可能性等级		一般	较大	重大	特大
		1	2	3	4
很可能	4	高度Ⅲ	高度Ⅲ	极高Ⅳ	极高Ⅳ
可能	3	中度Ⅱ	高度Ⅲ	高度Ⅲ	极高Ⅳ
偶然	2	中度Ⅱ	中度Ⅱ	高度Ⅲ	高度Ⅲ
不太可能	1	低度Ⅰ	中度Ⅱ	中度Ⅱ	高度Ⅲ

7. 重大风险源事故可能性分析

桥梁工程重大风险源风险估测采用定性与定量相结合的方法。事故严重程度的估测采用专家调查法，事故可能性的评估采用指标体系法。

安全管理评估指标如表 1-19 所示。

表 1-19　　安全管理评估指标体系

评估指标	分　类	赋分值	得分
总承包企业资质(A)	三级	3	0
	二级	2	
	一级	1	
	特级	0	
劳务分包企业资质(B)	无资质	1	0
	有资质	0	
历史事故情况(C)	发生过重大事故	3	0
	发生过较大的事故	2	
	发生过一般事故	1	
	未发生过事故	0	
作业人员经验(D)	无经验	2	0
	经验不足	1	
	经验丰富	0	
安全管理人员配备(E)	不足	2	0
	基本符合规定	1	
	符合规定	0	
安全投入(F)	不足	2	0
	基本符合规定	1	
	符合规定	0	
机械设备配置及管理(G)	不符合合同要求	2	1
	基本符合合同要求	1	
	符合合同要求		
专项施工方案(H)	可操作性较差	2	0
	可操作性一般	1	
	可操作性较强	0	

注：根据安全管理评估指标分值公式可知，$M=A+B+C+D+E+F+G+H=1$。

因为人的因素及施工管理能引起风险的抵消，所以，根据安全管理评估指标分值 M，找出与之对应的折减系数 γ（见表 1-20）。

表 1-20　安全管理评估指标分值与折减系数对照

计算分值(M)	折减系数(γ)
$M>12$	1.2
$9\leqslant M\leqslant 12$	1.1
$6\leqslant M\leqslant 8$	1
$3\leqslant M\leqslant 5$	0.9
$0\leqslant M\leqslant 2$	0.8

注：本项目的安全管理折减系数 $\gamma=0.8$。

典型重大风险源事故可能性等级如表 1-21 所示。

表 1-21　典型重大风险源事故可能性等级划分

计算分值(P)	事故可能性描述	等级
$P\geqslant 14$	很可能（等级Ⅳ）	4
$6\leqslant P<14$	可能（等级Ⅲ）	3
$3\leqslant P<6$	偶然（等级Ⅱ）	2
$P<3$	不太可能（等级Ⅰ）	1

8. 墩柱施工事故可能性评估指标

墩柱施工事故可能性评估指标主要基于支架坍塌事故、临时结构坍塌事故及高处坠落事故（见表 1-22）。

表 1-22　墩柱施工事故可能性评估指标体系

序号	评估指标	分　类	分　值	得分
1	墩柱（塔）高度	$H<10\text{m}$	0～1	1
		$10\text{m}\leqslant H<30\text{m}$	1～3	
		$30\text{m}\leqslant H$	3～6	
2	气候环境条件	极端气候事件多发区域（强风、强暴雨雪等）	3～6	3
		气候环境条件一般，可能影响施工安全，但不显着	1～3	
		气候条件良好，基本不影响施工安全	0～1	
3	施工方法	支架模板法	1～3	3
		机械滑模法（爬升模板法、提升模板法等）	0～1	

续表

序号	评估指标	分类	分值	得分
4	临时结构设计	采用专业设计支护方案	0～1	2
		采用经验设计支护方案	1～3	
合计 R				9

根据墩柱施工事故可能性分值公式可知，$P=\gamma\times R=0.8\times 9=7.2$。所以，本桥梁墩柱施工重大危险源事故可能性等级为3级（可能发生）。

9.满堂脚手架现浇法作业事故可能性评估指标（见表1-23）

表1-23　满堂脚手架现浇法作业事故可能性评估指标体系

序号	评估内容	分类	分值	得分
1	支架高度	$H<5$m，跨度10m以下，施工总荷载不超过10000 N/m²，集中线荷载不超过15000 N/m²	0～2	5
		5m≤H<8m，搭设跨度10m及以上；施工总荷载10000 N/m² 及以上；集中线荷载15000 N/m² 及以上；高度大于支撑水平投影宽度且相对独立无联系构件的混凝土模板支撑工程	2～4	
		8m≤H，搭设跨度18m及以上，施工总荷15000 N/m² 及以上；集中线荷载20000 N/m² 及以上	4～6	
2	地质及基础岩土条件	不良地质灾害多发区域（包括岩溶、滑坡、泥石流、采空区、强震区、雪崩区、水库坍岸区等）	3～6	6
		基础岩土为特殊性岩土（冻土、膨胀性岩土、软土等）	3～6	
		地质条件较好，基本不存在影响施工安全因素	0～1	
3	气候环境条件	极端气候事件多发区域（强风、强暴雨雪等）	3～6	1
		气候环境条件一般，可能影响施工安全，但不显着	1～3	
		气候条件良好，基本不影响施工安全	0～1	
4	支架设计	采用专业设计方案	0～1	无
		采用经验设计方案	1～3	
5	交通状况	跨域公路、铁路等开放交通	3～6	6
		无开放交通、仅存在与施工相关交通	0～1	
		封闭环境，无交通	0	
合计 R				18

根据满堂脚手架现浇法作业可能性分值公式可知，$P=\gamma\times R=0.8\times18=14.4$。所以，本桥梁满堂脚手架现浇法作业重大危险源事故可能性等级为Ⅳ级（很可能发生）。

五、对策措施及建议

（一）一般风险源控制

一般风险源控制措施应根据有关技术标准、安全管理要求来制定。一般风险源对应的触电、高处坠落、物体打击等事故的风险控制措施应简明扼要，明确安全防护、安全警示、安全教育、现场管理等方面的内容。

（二）重大风险源控制

为创造一个安全稳定的施工环境，并保证项目管理目标的顺利实现和项目施工过程中方案的科学化、合理化，降低各种经济风险、技术风险、决策风险等不稳定因素，针对本项目的特点、可能存在的重大危险源编制相对应的专项施工方案、应急预案，并举办相应的安全培训教育，其措施如表1-24至表1-26所示。

表1-24　　墩柱施工风险防控对策

序号	风险防控对策
1	采用支架模板法应根据结构特点、混凝土施工工艺和现行的有关要求，对支架进行专项安全设计，并按要求安装，编制拆除程序和安全技术措施
2	墩柱施工应符合下列安全要求： 参加作业的人员必须进行安全技术培训，考核合格后方可上岗 作业前应确保所有的登高工具和安全用具（安全帽、安全带、梯子、跳板、脚手架、防护板、安全网）安全可靠，严禁无防护作业 高处作业所用的工具、零件、材料等必须装入工具袋。必须从指定的路线上下，严禁人员随起吊物一同上下。不得在高空投掷材料或工具等物；不得将易滚、易滑的工具、材料堆放在脚手架上。工作完毕应及时将工具、零星材料、零部件等一切易坠落物件清理干净，以防落下伤人。上下大型零件时，应采用可靠的起吊机具 施工中应经常与当地气象台站取得联系，遇有雷雨、六级（含）以上大风时，必须停止施工，并将作业平台上的设备、工具、材料等固定牢固，人员撤离 脚手架必须要制定专项施工方案，采取相应的安全技术措施 支立模板要按工序操作。当一块或几块模板单独竖立和竖立较大模板时，应设立临时支撑，上下必须顶牢。操作时要搭设脚手架和工作台。整体模板合拢后，应及时用拉杆斜撑固定牢靠，模板支撑不得固定在脚手架上 拆除模板作业时，应按顺序分段拆除，不得留有松动或悬挂的模板，严禁硬砸或用机械大面积拉倒。在起吊模板前，应先检查连接螺杆是否全部卸掉，确认无连接后方可起吊 浇注和振捣混凝土时不得冲击、振动模板及其支撑 夜间施工应有足够的照明。便携式照明应采用36V（含）以下的安全电压。固定照明灯具距平台不得低于2.5m 拆除脚手架必须按专项方案要求进行

注：墩柱施工的风险防控应重点考虑坍塌事故、高处坠落等事故类型。

表 1-25　　支架法现浇施工风险防控对策

序号	风险防控对策
1	施工前，根据结构特点、混凝土施工工艺和现行的有关要求，对支架进行施工专项安全设计，并制定安装、拆除程序及安全技术措施
2	使用材料满足下列要求：材质应符合现有国家相关技术标准；具有资质企业生产，具有合格证，并经验收确认质量合格；不得有裂纹、变形和腐蚀等缺陷
3	立柱应置在平整、坚实的地基上，立柱底部应铺设垫板或混凝土垫块；地基处应有排水措施，严禁被水浸泡
4	支架较高时，设两组钢质缆风绳，缆绳直径不小于 10 mm，且对称设置≥45°，固定牢固
5	支架搭设应满足下列要求：①立杆应竖直，2m 高度的垂直偏差不得大于 1.5cm。每搭完一步支架后，应进行校正。立杆的纵向最大高度为 1.7m，横向水平杆最大长度为 2.0m，②钢管尺寸和表面质量应符合下列规定：新钢管应有质量合格证、质量检查报告；钢管表面应平直光滑，不应有裂缝、分层、硬弯和深的划道；焊接钢管尺寸：外径 48 mm、壁厚 3.5 mm，其材质应符合现行国家标准《钢管脚手架扣件》(GB 15831)规定；在支架使用过程中不应开挖，否则须采取加固措施
6	钢管安装完成后，应对节点和支撑进行检查，确保符合设计要求
7	钢管应按照施工设计要求方法、程序拆除，严禁采用机械牵引、推倒的方法拆除
8	拆除前，应先清理施工现场，划定作业区，设专人值守，非作业人员禁止入内，拆除工作必须由作业组长指挥，作业人员必须服从指挥，并随时保持道路清洁和交通顺畅
9	拆除作业应自上而下进行，不得上下多层交叉作业
10	拆除支架时，必须确保未拆除部分的稳定性，必要时对未拆除部分采取临时支撑措施
11	施工中对不良气候因素进行密切监控，并对支架立柱基础沉降作好监控

注：支架法现浇施工的风险防控应重点考虑坍塌事故、高处坠落等事故类型。

表 1-26　　现浇箱梁混凝土施工风险防控对策

序号		风险防控对策
防高处坠落措施	1	高空作业场所禁止非施工人员进入
	2	脚手架搭设符合规程要求并经常检查维修，作业前先检查稳定性
	3	高空作业人员应衣着轻便，穿软底鞋
	4	患有精神病、癫痫病、高血压、心脏病及酒后、精神不振者严禁从事高空作业
	5	高空作业地点必须有安全通道，通道内不得堆放过多物件，垃圾和废料及时清理运走
	6	距地面 1.5m 及以上高处作业时必须系好安全带，将安全带挂在上方牢固可靠处，高度不低于腰部
	7	遇有六级以上大风及恶劣天气时，应停止高空作业
	8	严禁人随吊物一起上下，吊物未放稳时不得攀爬
	9	高空行走、攀爬时严禁手持物件
	10	垂直作业时，必须使用差速保护器和垂直自锁保险绳
	11	及时清理脚手架上的工件和零散物品
防高空落物伤人措施	1	对于重要、大件吊装必须制定详细的吊装施工技术措施与安全措施，并由专人负责，统一指挥，配置专职安监人员
	2	非专业起重工不得从事起吊作业
	3	各个承重临时平台要进行专门设计并核算其承载力，焊接时由专业焊工施焊并经检查合格后才允许使用
	4	起吊前对吊物上杂物及小件物品清理或绑扎
	5	从事高空作业时必须配备工具袋，大件工具要绑上保险绳
	6	加强高空作业场所及脚手架上小件物品清理、存放管理，做好物件防坠措施
	7	上下传递物件时要用绳传递，不得上下抛掷，传递小型工件、工具时使用工具袋
	8	尽量避免交叉作业，拆架或起重作业时，作业区域设警戒区，严禁无关人员进入
	9	切割物件材料时应有防坠落措施
	10	起吊零散物品时要用专用吊具进行起吊

注：现浇箱梁混凝土施工的风险防控应重点考虑高处坠落及物理打击等事故类型。

六、评估结论

根据事故发生的可能性和严重程度等级，采用风险矩阵法确定本桥梁具体施工作业活动的风险等级，并形成重大风险源等级汇总表（见表1-27）。

表1-27 重大风险源风险等级汇总表

重大风险源及部位	事故可能性等级	严重程度等级		风险等级	评定理由
		人员伤亡	经济损失		
墩柱施工坍塌	3	2	2	Ⅲ	专家调查法 风险矩阵法
模板、支架安装与拆除坍塌	2	3	3	Ⅲ	专家调查法 风险矩阵法
钢筋工程触电	4	2	2	Ⅲ	专家调查法 风险矩阵法
满堂脚手架高处坠落	4	2	2	Ⅲ	专家调查法 风险矩阵法
满堂脚手架坍塌	4	2	2	Ⅲ	专家调查法 风险矩阵法
上部结构施工高处坠落	3	2	1	Ⅲ	专家调查法 风险矩阵法
上部结构施工物体打击	3	2	1	Ⅲ	专家调查法 风险矩阵法

本桥梁存在Ⅲ级重大风险源，存在的部位为墩柱、模板、支架安装与拆除、钢筋、满堂脚手架和上部结构施工，主要存在的风险为坍塌、触电、高处坠落和物体打击。这些风险事件均可能对桥梁建设的安全、工期及第三方造成不利影响。

本次风险源分析评估，经过了评估小组严格的讨论和分析，咨询了桥梁施工经验丰富的专家，采用了科学合理的评估办法，并查阅了大量的资料，在科学性、可行性、合理性上满足了要求。这仅是风险管理与控制的开始，在下一步的施工过程中还要加强监控，对风险做好动态管理，从而达到控制风险、减少损失、确保施工安全的目的。

任务四　安全技术管理

教学目标	能力目标	1.能够制定施工组织设计。 2.能够制定安全技术方案。 3.能够进行安全技术交底。
	素质目标	培养学生利用所学知识解决具体问题的能力。
	知识目标	1.熟悉施工组织设计的编制。 2.熟悉安全技术措施的编制。 3.掌握安全技术交底的主要内容。

教学方案：利用案例，结合安全相关知识在工程中的应用进行学习，以加深学生的印象，增强教学效果。

案例引入

某日，正在施工中的某大桥因支架整体失稳突然坍塌，造成32人死亡、59人受伤(17人重伤)，直接经济损失达360万元。

事故原因分析：

(1)原设计施工方法为缆索吊机扣索分段吊装。业主认为施工进度太慢，更换施工队伍后，将施工方案改为满布支架就地灌注。但由于支架设计错误，变为一整体不稳定结构！

(2)施工支架结构形式不合理。对支架没有进行整体结构受力分析及科学计算，采用的门式结构无法形成稳定的结构。超常规使用58.02m跨度单层贝雷桁架作主梁而未经设计计算，又没有采取任何有效的结构措施，以致在实际施工中贝雷梁挠度值为允许挠度值的七倍多，超过钢材的屈服极限，从而导致支架整体结构破坏。

(3)施工方法错误。由于没有单独完整的施工组织设计，施工未按施工技术规范规定的分环分段浇注进行；实际浇注中，加载不均衡、不对称，致使整个支架受力不均衡，最终导致支架失稳而倒塌。

(4)施工现场指挥处置失当。在浇注过程中，曾多次出现模板和钢筋翘起等事故隐患苗头，大桥坍塌的危险征兆已十分明显，但施工单位负责人仍熟视无睹，不是进行认真科学分析，从中找出原因，制定有效的观察、控制及撤离方案，而是盲目决断、坚持错误指挥、冒险作业、野蛮施工，接连发生人为决策和指挥管理的重大失误(如采取用人踩、用预制板压、用手动葫芦强行拉等不正确的措施)，加剧了事故危险因素的累积、演变，加剧了支架的不稳定性。

(5)大桥监理不到位。在没有得到施工支架图纸、计算书和施工组织设计，根本无法确保施工质量和安全的情况下，大桥监理没有下令停止施工，却签认了拱圈模板和钢筋混凝土的施工。在拱底板浇灌的关键时间，也无人在施工现场监理，以致施工过程中的违章冒险作业行为未能被发现和制止，出现危险征兆时也未能及时督促施工单位采取有效措施。

知识介绍

一、施工组织设计的编制及实施

“桥涵开工前，应根据设计文件和任务要求，编制施工方案。大桥、特大桥的实施性施工组织设计，应根据施工方案单独编制，其内容比施工方案明确、详尽。”——交通部《公路桥涵施工技术规范》(JTG/T F50－2011)。

(一)施工组织设计的概念

施工组织设计是以施工项目为对象编制的，用以指导其施工全过程各项施工活动的技术、经济、组织、协调和控制的综合性文件。

(二)施工组织设计的内容

施工组织设计是按照国家和行业的法律、法规、标准等有关规定，从施工的全局出发，根据工程概况、施工工期、场地环境等条件，以及机械设备、施工机具和变配电设施的配备计划等方面的条件制定。

内容包括工程施工程序、施工流向、施工顺序、施工进度、施工方法、施工人员、技术措施(包括质量、安全)、材料供应，以及运输道路、设备设施和水电能源等现场设施的布置和建设。

目的是对施工中的各种需要和变化作好事前准备，使施工建立在科学合理的基础上，从而取得最大的经济效益和社会效益。

施工组织设计是组织工程施工的纲领性文件，是保证安全生产的基础。

(三)编制施工组织设计应遵循的原则和要求

(1)贯彻国家、行业工程建设的法律、法规、标准、规范等。

(2)严格执行工程建设程序，坚持合理的施工程序、顺序和工艺。

(3)优先选用先进施工技术，充分利用施工机械设备，提高施工机械化、自动化程度，改善劳动条件，提高劳动生产率。

(4)认真编制各项实施计划，科学安排冬期和雨期施工，严格控制工程质量、安全、进度和成本，保证全年施工的均衡性和连续性。

(5)按照“安全第一，预防为主”的方针，制定安全技术措施，防止生产安全事故的发生。

(6)按照国家、行业和地方的有关规定，制定文明施工措施。

(7)充分考虑对周边环境的影响，对施工现场毗邻的建筑物、构筑物以及施工现场内的各类地下管线制定保护措施。

(8)充分利用施工现场原有的设施作为临时设施，新建的临时设施应符合国家或行业标准，确保安全、卫生。

进行平面布置时，充分考虑易燃易爆物品仓库、配电室、外电线路、起重机械的设置位置，按标准和规范的要求保持安全距离。

（四）施工组织设计的编制和审批

施工组织设计由施工单位技术负责人组织有关人员进行编制，由施工单位的施工技术、安全、设备等部门进行会审，由施工单位技术负责人和工程监理单位总监理工程师审批签字。

（五）施工组织设计的实施

1.施工组织设计的修订

施工单位必须严格执行施工组织设计，不得擅自修改经过审批的施工组织设计。如因设计、结构等因素发生变化，确需修订的，应重新履行会审、审批程序。

2.施工组织设计的监督实施

施工单位的项目负责人应当组织项目管理人员认真落实施工组织设计。在施工组织设计的实施过程中，专职安全生产管理人员和工程监理单位的监理人员要进行现场监督，发现不按照施工组织设计进行施工的行为要予以制止；施工作业人员要严格按照安全技术交底进行施工，将安全技术措施落到实处；施工单位的施工技术、安全、设备等有关部门应当对施工组织设计的实施进行监督落实，保证各分部分项工程按照施工组织设计顺利进行。

二、安全技术措施的制定及实施

（一）一般规定

工程参建单位应重视施工本质安全技术管理。规范安全技术交底工作，提高从业人员的安全意识、安全知识和安全操作技能，是指导施工、预防事故、保障施工安全的必要手段和根本途径。

施工安全技术管理的重点为施工组织设计安全技术措施、危险性较大分部分项工程专项施工方案、安全监理计划等。

工程项目安全培训的重点为安全技术交底，以及法律法规、标准规范、操作规程要求的各类安全培训。

（二）安全技术措施

开工前，施工单位应编制针对本工程项目特点的施工组织设计，其中包括安全技术措施内容。

监理单位应对安全技术措施内容是否符合强制性标准要求进行重点审查，审查合格后方可同意工程开工。

施工组织设计的安全技术措施主要包含：

（1）安全生产管理目标。

（2）安全生产组织体系、责任体系以及安全生产条件（包括施工企业“三类人员”考核合格证书）。

（3）安全生产责任制、安全生产管理制度、施工作业操作规程。

（4）符合有关安全要求的施工场地布置图及说明。

（5）符合国家有关安全规定的安全防护用具、机械设备、施工机具清单。

(6)施工现场防火措施。

(7)危险性较大分部分项工程及施工现场重大风险源清单及监控措施。

(8)项目安全技术控制要点。

(9)生产安全事故应急预案。

(10)施工人员安全教育计划、安全技术交底安排、安全生产专项费用使用计划。

三、专项施工方案的编制及实施

危险性较大分部分项工程，是指公路水运工程在施工过程中存在的、可能致作业人员群死群伤或造成重大不良社会影响的分部分项工程。

危险性较大分部分项工程专项施工方案，是指在公路水运工程建设中，施工单位在编制施工组织设计的基础上，针对危险性较大分部分项工程单独编制的质量安全技术措施文件。

根据《建设工程安全生产管理条例》《公路水运工程安全生产监督管理办法》规定，工程项目危险性较大分部分项工程应编制专项施工方案。

超过一定规模的危险性较大分部分项工程专项施工方案，应经专家论证，论证通过后方可实施。

专项施工方案实施时，应落实项目负责人轮流带班生产制度。

(一)危险性较大分部分项工程范围

危险性较大分部分项工程和超过一定规模危险性较大分部分项工程如表 1-28 所示。

表 1-28　　危险性较大分部分项工程范围

序号	危险性较大分部分项工程	超过一定规模危险性较大分部分项工程
1	不良地质条件下有潜在危险性的土方、石方开挖	深度超过 5m 的基坑(槽)的土(石)方开挖 开挖深度虽未超过 5m，但地质条件、周围环境和地下管线复杂，或影响毗邻建筑(构筑)物安全，或存在有毒有害气体分布的基坑(槽)的土方开挖、支护、降水工程
2	滑坡和高边坡处理	滑坡量大于 $1\times10^5 m^3$ 的中型以上滑坡体 高度超过 20m 的土质边坡，或高度超过 30m 的岩质边坡
3	桩基础、挡墙基础、深水基础及围堰工程	深度超过 15m 的人工挖孔桩或开挖深度不超过 15m，但地质条件复杂或存在有毒有害气体分布的人工挖孔桩工程 深度超过 5m 的挡墙基础 水深超过 20m 的深水基础，水深超过 10m 的围堰工程

续表

序号	危险性较大分部分项工程	超过一定规模危险性较大分部分项工程
4	桥梁工程中的梁、拱、柱等构件施工	长度超过40m的预制梁的运输与安装，钢箱梁吊装 长度超过150m的钢管拱安装施工 高度超过40m的墩柱、高度超过100m的索塔
5	隧道工程中的不良地质隧道、高瓦斯隧道、水底或海底隧道等	隧道穿越高地应力区、岩溶发育区、区域地质构造、煤系地层、采空区等工程地质或水文地质条件复杂地质环境 浅埋、偏压、连拱、小净距、大跨度、变化断面等结构受力复杂的隧道工程 Ⅵ、Ⅴ级围岩连续长度占总隧道长度10%以上且连续长度超过50m以上 高瓦斯隧道 长度超过1000m的水底、海底隧道
6	大型临时工程中的大型支架、模板、便桥的架设与拆除；桥梁、码头的加固与拆除	50m及以上落地式钢管脚手架工程。用于钢结构安装等满堂承重支撑体系，承受单点集中荷载7kN以上 混凝土模板支撑工程高度超过8m；跨度超过18m，施工总荷载超过15kN/m²；集中线荷载超过20kN/m² 挂篮、移动模架等模板施工工艺 便桥搭设、中型桥梁、中型码头的加固与拆除
7	水上工程中的打桩船作业、施工船作业、外海孤岛作业、边通航边施工作业等	离岸无掩护条件下的桩基施工 开敞式水域大型预制构件的运输与吊装作业 沉箱的浮运与安装作业 深水防波堤施工 在三级及以上通航等级的航道上进行的水上水下施工
8	水下工程中的水下焊接、混凝土浇筑、爆破工程等	水下爆破工程 30m水深以上的潜水作业（水下焊接、混凝土浇筑等）
9	爆破工程	爆破工程为C级及以上
10	其他危险性较大的工程	上跨下穿或临近既有线路施工

（二）专项施工方案的主要内容

专项施工方案主要包括以下内容：

（1）工程概况：危险性较大分部分项工程概况、水文地质条件、施工平面布置、施工要求和技术保证条件。

（2）编制依据：相关法律、法规、规范性文件、标准、规范及图纸（国标图集）、施工组织设计等。

（3）分部分项工程影响质量、安全的风险源分析及相关预防措施。

（4）设计计算书和设计施工图等设计文件。

(5)施工准备:包括施工进度计划、材料与设备计划。

(6)施工部署:包括技术参数、工艺流程、施工方法、施工技术要点。

(7)人员计划:专职安全生产管理人员、特种作业人员等资格要求。

(8)施工控制:检查验收、安全评价、预警观测措施。

(9)应急预案及处置措施。

(三)专项施工方案的审批

(1)专项施工方案需经施工单位技术、安全、质量等部门的专业技术人员审核,审核合格后,由施工单位技术负责人签字。分包单位制定的专项施工方案应由总承包单位技术负责人审核签字。

(2)不需专家论证的专项施工方案,经施工单位审核合格后报监理单位,由项目总监理工程师审核签字后即可实施。

(3)超过一定规模的危险性较大分部分项工程专项施工方案,应由施工单位组织召开专家论证会。专家组应由五名及以上符合相关专业要求的专家组成。专家论证的主要内容如下:

①专项施工方案内容是否完整、可行。

②专项施工方案计算书和验算依据是否符合有关标准规范。

③安全施工的基本条件是否满足现场实际情况。

④专项施工方案经论证后,专家组应提交论证报告,对论证的内容提出明确意见,并在论证报告上签字。该报告作为专项施工方案修改完善的指导意见。

(4)施工单位应根据论证报告修改完善专项施工方案,并经施工单位技术负责人、项目总监理工程师、建设单位技术负责人签字后,方可组织实施。

(5)专项施工方案经论证后需作重大修改的,施工单位应按照论证报告修改,并重新组织专家进行论证。

(6)施工单位应严格按照专项施工方案组织施工,不得擅自修改、调整专项施工方案。如因设计、结构、外部环境等因素发生变化确需修改的,修改后的专项施工方案应重新履行审核程序。对于超过一定规模的危险性较大工程的专项施工方案,修改后的专项施工方案应重新组织专家进行论证。

(四)专项施工方案的实施

施工单位方案编制人员或项目技术负责人应向现场管理人员和作业人员进行安全技术交底。

施工单位应指定专人对专项施工方案实施情况进行现场监督,并按规定进行监测。

施工单位技术负责人应定期巡查专项施工方案实施情况。在检查巡视中发现问题的,应责令整改并且立即采取有效安全防护措施;发现不按照专项施工方案施工的,应要求其立即整改;发现有危及人身安全紧急情况的,应立即组织作业人员撤离危险区域;发生险情或事故的,施工单位应停止作业,及时启动并实施相应的应急预案,以防止事态恶化;险情或事故处理后,应对施工现场进行清理,全面核查安全生产条件,经有关部门同意后,方可恢复施工。

对于按规定需要验收的危险性较大分部分项工程,施工单位、监理单位应组织有关人员进行验收。验收合格的，经施工单位项目技术负责人及项目总监理工程师签字后，方可进入下一道工序。

监理单位应对专项施工方案实施情况进行现场监理；对不按专项施工方案实施的，应责令整改；施工单位拒不整改的，应及时向建设单位报告；建设单位接到监理单位报告后，应立即责令施工单位停工整改；施工单位仍不停工整改的，建设单位应及时向当地主管部门报告。监理单位应将危险性较大分部分项工程列入监理计划和监理细则。

基础工程、模板工程等专项施工方案应包括的主要内容。

一、基础工程

(1)工程水文地质条件、降排水条件、基坑周边荷载、施工季节、周边环境等情况。

(2)基础类型、基坑开挖深度、对基坑侧壁位移的要求及设计验算。

(3)操作程序和安全操作规程。

(4)基坑周边地面排水沟和临边防护设施的设置。

(5)采取的降、排水措施。

(6)上下通道的设置和安全防护措施。

(7)防止碰撞支护结构、工程桩或扰动基底原状土措施。

(8)监测方法、监控报警值的确定及精度要求。

(9)监测点的设置，以及监测周期、监测人员的确定。

(10)发生坍塌、沉降、变形等情况的应急措施。

二、模板工程

(1)现浇混凝土梁、板、柱等结构采用的模板的种类和支撑材料。

(2)模板和支撑系统以及施工载荷的设计计算。

(3)立柱、扫地杆及剪刀撑的设置。

(4)安装、拆卸程序和安全操作规程。

(5)模板拆卸的警戒和监护措施。

(6)模板拆除时混凝土强度的要求。

(7)大模板的存放及安全措施。

(8)验收内容和程序。

三、支架、脚手架工程

(1)脚手架的结构形式。

(2)钢管、扣件、脚手板和底座、垫板、悬挑梁的规格和材质要求。

(3)扫地杆、立杆、水平杆、剪刀撑和连墙杆设置位置、间距及连接方法。

(4)设计计算，包括纵向、横向水平杆等受弯杆件的强度和连接扣件的抗滑承载力，立杆地基承载力和立杆稳定性，以及连墙件的强度、稳定性和连接强度的计算。

(5)平面图、立面图、拉结点详图。
(6)基础和基础排水的设置。
(7)卸荷措施。
(8)防护栏杆和安全网防护的设置。
(9)人行通道(斜道)的设置。
(10)安装、拆卸程序和安全操作规程。
(11)验收内容和程序。
(12)高处作业人员持证上岗的要求。

四、施工(临时)用电工程

(1)工作内容介绍。
(2)用电负荷计算。
(3)电源进线、配电室、总配电箱、分配电箱位置和线路走向。
(4)变压器容量、导线截面以及配电箱、开关箱和电器元件的规格、型号。
(5)电气平面图、立面图和接线系统图。
(6)外电线路不能满足《施工现场临时用电安全技术规范》规定的安全距离时,应采取的防护措施。
(7)防雷击措施。
(8)安全用电和电气防火安全技术措施。
(9)电气测试内容和周期。
(10)电工持证上岗的要求。

五、起重吊装工程

(1)现场环境。
(2)起重机械的选型。
(3)吊装工艺。
(4)地锚设计。
(5)钢丝绳、吊具和索具以及滑轮和滑轮组的设计与选用。
(6)地耐力、作业平台和道路的要求。
(7)起重作业、高处作业的防护措施和安全注意事项。
(8)起重机司机、起重工和信号指挥工等特种作业人员持证上岗的要求。

六、拆除与爆破工程

(1)拟拆除工程涉及区域的地上、地下建筑及设施分布情况。
(2)拆除建筑物外侧架空线路或电缆线路应采取的防护措施。
(3)拟拆除工程毗邻建筑物、构筑物的安全保护措施。
(4)拆除工程施工区围挡的设置形式和方法。

(5)拟拆除建筑物与交通道路的安全距离不能满足要求时，应采取的安全隔离措施。

(6)拆除建筑物的施工方法(人工、机械、爆破)和程序。

(7)拟使用的施工机械、机具。

(8)采用爆破方法拆除所采用的爆破器材、爆破器材临时保管地点和监控措施。

(9)监测方式和监测人员。

(10)夜间施工照明的设置。

(11)安全标志的设置。

(12)作业人员应配备的劳动保护用品。

(13)拆除作业过程中的安全防护措施和安全注意事项。

(14)拆除吊装起重机司机、信号指挥工和从事爆破拆除施工的作业人员持证上岗的要求(拆除单位具备拆除资质)。

四、安全技术交底的编制及实施

(一)设计交底

工程开工前，设计单位应向建设单位、施工单位和监理单位进行施工图设计交底，并在交底过程中应突出安全要点。

设计单位应对涉及施工安全的重要部位和环节，在设计文件中注明，并对防范生产安全事故提出交底意见。

对于采用“四新技术”、特殊工艺、特殊性结构、特殊构造的工程项目，设计单位应在设计中提出保障施工作业人员安全和预防安全事故的措施建议。

针对施工过程中由于设计原因造成的不安全因素，应及时进行设计方案的修改和完善，以满足施工安全作业要求。

(二)施工交底

施工安全技术交底是指将预防和控制安全事故发生及减少其危害的安全技术措施，以及工程项目、分部分项工程概况向作业班组、作业人员作出说明，是有效预防违章指挥、违章作业和伤亡事故发生的一种有效措施。

(1)施工安全技术交底要求。

①施工安全技术交底应横向涵盖项目部内各职能部门，纵向延伸到施工班组全体作业人员，任何人未经安全技术交底不准作业。

②分部分项工程开工前，施工方案(施工专项方案)的编制人员应向项目部管理人员、分包单位或作业班组负责人进行安全技术交底。

③危险性较大分部分项工程施工前，应由专项施工方案编制人会同施工员，将安全技术措施、施工方法、施工工艺、施工中可能出现的风险因素、安全施工注意事项和紧急避险措施等，向参加施工的全体管理人员(包括分包单位现场负责人、安全管理员)、作业人员进行交底。

④各工种作业安全技术交底采用层级交底制，主要工序和特殊工序由项目技术负责人对主管施工员进行交底，主管施工员再向施工班组负责人进行技术交底，班组负责人还应对作业人员进行技术交底。一般工序由施工技术员直接向各施工班组进行交底。

(2)施工安全技术交底的主要内容。

①施工组织设计方案交底的主要内容如下：

a.采用的施工方法、施工机械、实施方案应注意的问题，以及要求达到的安全、质量、进度和文明施工目标。

b.有关班组的配合与支持、人员的管理办法与措施。

c.有关施工机械的性能、进场及运行路线要求，以及原材料数量要求、质量要求、进场时间等。

d.主要劳动力、主要技术工种人员的技能要求、进场时间要求。

e.施工工艺要求、工艺标准等。

②工程总承包单位向专业分包单位进行安全技术交底的主要内容如下：

a.施工部位、内容和环境条件。

b.专业分包单位、施工作业班组应掌握的相关现行标准规范、安全生产、文明施工规章制度和操作规程。

c.资源的配备及安全防护、文明施工技术措施。

d.动态监控以及检查、验收的组织、要点、部位及节点等相关要求。

e.与之衔接、交叉的施工部位、工序的安全防护、文明施工技术措施。

f.潜在事故应急措施及相关注意事项。

(3)当工程项目出现以下情况时，应重新组织安全技术交底。

①更新仪器、设备和工具，推广新技术、新工艺，使用新材料。

②发生因工伤亡事故、机械损坏事故及重大未遂事故。

③出现其他不安全因素和安全生产环境发生变化。

(4)安全技术交底要具体、明确、及时，有针对性和可操作性，符合有关安全技术标准和操作规程的规定。

(5)安全技术交底应优先交底采用的新安全技术方法和技术措施。

(6)安全技术交底应按规定程序进行，并履行书面交底签字手续，相关责任人各执一份。

(7)施工单位应加强对安全技术交底工作的监督检查、效果评价和督促整改。

(三)班组交底

(1)施工技术人员应向施工作业班组负责人和作业人员进行安全技术交底。

(2)班(组)长(工区施工负责人)每天应根据当天作业的施工要求、作业环境等，分部位、分工种向工人进行工(班)前安全技术交底并作好记录，履行签字手续。

重点部位的施工安全技术交底宜由施工单位技术人员组织。

(3)专职安全生产管理人员应参与班(组)安全技术交底工作，并监督实施；施工单位内设的质量、安全管理部门等应督促施工班(组)做好班(组)的交底工作。

(4)新进场工人在上岗操作前，施工单位质量、安全管理部门应联合对其进行本工种的安全技术操作规程的交底。操作内容或作业场地变化时，应重新进行安全技术交底。

(5)作业人员应按交底的要求施工，不得擅自变更。

(6)施工班组安全技术交底应突出以下内容：

①告知施工过程中的作业危险特点、重大危险源及危害因素。

②针对危险点和重大风险源制定具体的预防措施。

③作业过程中应注意的安全事项。

④特殊工序的操作方法和相应的安全操作规程和标准要求。

⑤发生安全生产事故后应采取的自救方法、紧急避险和紧急救援措施等。

知识延伸

几个典型的项目安全技术控制要点。

一、雨季施工

(1)雨季施工前，应根据现场和工程进展情况制定雨季阶段性计划，并提交业主和监理工程师审批。

(2)砼浇捣时，必须事先注意天气情况。若在雨天施工时，必须做好防雨措施，预备好足够的活动防雨棚，准备好塑料薄膜、油布等。必要时，需严格按施工规范规程允许的方式、方法，留置中止施工缝。

(3)必须连续施工的砼工程，应有可靠的防雨措施，备足防雨物资。加强计量测试工作，及时准确地测定砂、石含水量，从而准确地调整施工配合比，确保砼施工质量。

(4)雨季前应组织有关人员对现场临时设施、脚手架、机电设备、临时线路等进行检查，并采取相应措施及时整改。

二、夏季施工

(1)高温季节施工应做好防暑降温措施，做好后勤生活保障的供应。

(2)砼内应合理掺用缓凝剂，以延长砼的凝结时间，泵送砼的输送泵管应覆盖草包并浇水。砼浇好后应及时派专人进行浇水养护，避免出现收水裂缝。砼浇捣时，应派足收抹人员，避免收抹不及时而出现收水裂缝及表面不平整等质量通病。

(3)对初凝较快的水泥应通过实验测定水泥的硬化过程，加入外掺剂调节砼初凝时间，以适宜的施工参数满足施工操作的质量要求。

(4)大体积砼施工时，应做好内部温控措施。

三、台风季节施工

在总体进度计划安排时，要考虑台风对工程施工的影响，在台风期暂停进行施工作业。

(1)台风季节施工按照《施工防台预案》指导进行，在风力高于六级时，暂停现场一切施工。接到台风预报72h内，做好防台措施，转移人员、机械至安全地带。

(2)积极与气象部门联系，根据气象情况安排相应项目的施工，高空作业、高空吊装作业尽量避开台风季节进行。

(3)经理部防台防汛小组定期对现场施工进行检查，确定在台风来临前的设备、人员转移计划和防范措施，确保台风季节各项施工安全、有序地进行。

(4)做好台风季节后勤保障、施工准备工作，真正做到“风来我退，风退我进”，抓住晴好天气、有利季节，加快施工进度。

四、冬季施工

(1)冬季施工时，现场应备好防冻保暖物品、防冻剂、草袋等，临时自来水管应做好防冻保温工作，采用稻草泥纸筋包裹。工人注意采取保暖措施。

(2)做好冬季施工砼、砂浆外掺剂的试配实验工作，提出施工配合比。砼浇捣后，应及时覆盖草包，采取防冻蓄热养护方法。砼强度达到设计标号的40%之前，应保持围帘薄膜内砼表面温度不低于5℃。在低温施工时，对于砼构件应延长保温养护期，适当延长拆模时间，以保证砼的施工质量。

(3)当气温低于−5℃时，应暂停进行钢筋焊接、砼现浇等项目的施工。

五、高处作业

(1)高空作业人员要穿软底鞋，不能穿拖鞋、硬底鞋和塑料底鞋，以防滑倒和摔下，应系好安全带、扣紧挂钩，操作时应严格遵守安全规程。

(2)不要在中系梁、盖梁、支架等构件上行走和操作。确需从事进行工作时，要系好安全带，安装好防护栏杆和安全网，防止跌落。

(3)登高架设作业人员，必须进行专门培训，经考试合格，持劳动安全监察部门核定的特种作业安全操作证，方准上岗作业。

(4)高处作业中所用物料必须堆放平稳，不可放置在临边或洞口附近。对作业中的走道、通道板和登高用具等，必须随时清扫干净。

(5)雨天和雪天进行高处作业时，必须采取可靠的防滑、防寒和防冻措施。

(6)防护棚搭设与拆除时，应设置警戒线，并派专人监护，严禁上下同时拆除。

(7)登高作业时，安全带要高挂低用，不能低挂高用。并要挂在结实牢固的构件上，不能拴在有尖锐棱角的构件上，以免当安全带系绳拉紧时被割断，使人坠落。

(8)在高处拆模板时，一定要系好安全带，防止在撬动模板时因用力过猛使搭头断裂而发生坠落事故。拆下的模板材料应及时清理，并集中堆放，以防止朝天钉戳脚。

(9)登高作业使用的工具要放在工具箱或工具袋内，常用的工具应系带在身上。所需材料或其他工具，必须用牢固结实的绳索传递，禁止用手来回抛掷，以免掉落伤人。高空作业结束后，所用的工具要清点清楚，并全部收回，防止遗留在作业现场，掉落伤人。

(10)饮酒后禁止高空作业。从事高空作业人员要定期体检。凡患有高血压病、心脏病、贫血病、癫痫病以及其他不适于高空作业的人员不得从事高空作业。

(11)所有安全防护设施和安全标志等，任何人都不得毁损或擅自移位和拆除；确因施工需要而暂时拆除或移位的必须报请批准，并在工作完毕后即行复原。

(12)施工中对高处作业的安全技术设施发现有缺陷和隐患时，必须及时解决；危及人身安全时，必须停止作业。

六、施工临时用电

（1）总用电功率在 50kW 及以上或临时用电设备在 5 台以上时，应编制临时用电施工组织设计，并严格按施工设计安装。电气操作属特种作业，操作人员必须经专门培训并考试合格后方可持证上岗。

（2）场站内的电气设备，不得随便乱动。如果电气设备出现故障，应请电工修理，不得擅自修理，更不能带故障运行。

（3）经常接触和使用的配电箱、配电板、闸刀开关、按钮开关、插座、插头以及导线等，必须保持完好、安全，不得有破损或将带电部分裸露出来。

（4）在操作闸刀开关、磁力开关时，必须将盖盖好。

（5）电气设备的外壳应按有关安全规程进行防护性接地或接零线。

（6）使用潜水泵、手电钻、电砂轮等手用电动工具时，必须安设漏电保护器，同时工具的金属外壳应进行防护接地或接零线。

（7）使用的行灯要有良好的绝缘手柄和金属护罩。

（8）在进行电气作业时，要严格遵守安全操作规程，切不可盲目乱动。

（9）进行容易产生静电火灾、爆炸事故的操作时（如使用汽油洗涤零件、擦拭金属板材等），必须有良好的接地装置，以及时消除聚集的静电。

（10）移动某些非固定安装的电气设备，如电风扇、照明灯、电焊机等，必须先切断电源。

（11）独立的配电系统必须采用三相五线制的接零线保护系统，非独立系统可根据现场的实际情况采取相应的接零线或接地保护。

（12）在雷雨天，不要走近高压电杆、铁塔、避雷针的接地导线周围 20m 之内，以免雷击时产生的雷电流入地而导致发生跨步电压触电。

（13）在遇到高压电线断落到地面时，导线断落点周围 10m 以内，禁止人员入内，以防发生跨步电压触电。如果此时已有人在 10m 之内，为了防止发生跨步电压触电，不要跨步行走，应用单足或并足跳离危险区。

（14）发生电气火灾时，应立即切断电源，用黄沙、二氧化碳、四氯化碳等灭火器材灭火。切不可用水或泡沫灭火器材灭火。救火时，应注意自己身体的任何部分及灭火器具不得与电线、电器设备接触。

（15）在打扫卫生、擦拭设备时，严禁用水冲洗电气设备，或用湿抹布擦拭电气设施，以防发生短路和触电事故。

触电事故的特点：触电事故大多是由于缺乏安全用电知识，或不遵守安全技术要求，违章作业所致。

(1)触电事故的发生有明显的季节性。一年中,春冬两季相对干燥,触电事故较少,夏秋两季相对潮湿,特别是6～9月这4个月中,触电事故特别多。

(2)低压工频电源的触电事故较多。

(3)触电者中青年人多。

(4)事故多发生在电气设备的连接部位。

(5)绝缘层磨损、破裂。

(6)钢筋、机械等导电体因升高接触高压线。

七、起重吊装

(1)起重作业人员须经有资质的培训单位培训并考试合格后,才能持证上岗。

(2)起重机械必须设有安全装置,如起重量限制器、行程限制器等。

(3)严格检验和修理起重机机件,如钢丝绳、链条、吊钩、吊环和滚筒等,报废的应立即更换。

(4)建立健全维护保养、定期检验、交接班制度和安全操作规程。

(5)起重机运行时,禁止任何人上下,也不能在运行中检修。上下吊车要走专用梯子。

(6)起重机的悬臂能够伸到的区域内不得站人。

(7)吊运物品时,不得从有人的区域上空经过;吊物上不准站人;不能对吊挂着的物品进行加工。

(8)起吊的物品不能在空中长时间停留,特殊情况下应采取安全保护措施。

(9)起重机驾驶人员接班时,应对制动器、吊钩、钢丝绳和安全装置进行检查,发现异常时,应在操作前将故障排除。

(10)开车前必须先打铃或报警。操作中接近人时,也应给予持续铃声或报警。

(11)按指挥信号操作。对紧急停车信号,不论任何人发出都应立即执行。

(12)轨道上露天作业的起重机,在工作结束时,应将起重机锚定好;当风力大于六级时,一般应停止工作,并将起重机锚定好;对于在沿海地区工作的起重机,当风力大于七级时,应停止工作,并将起重机锚定好。

(13)当作业人员维护保养时,应切断主电源,并挂上标志牌或加锁。如有未消除的故障,应通知接班的作业人员。

八、基坑开挖

(1)人力挖掘土方必须按自上而下顺序放坡进行,严禁采用挖空底脚的操作方法。开挖操作人员必须保持足够的安全距离,横向间距不小于2m,纵向间距不小于3m。

(2)坑、槽、沟边缘不得堆放弃土、机械或其他杂物,并在距边缘1m处设置截水沟。当周边有建筑物时,应对建筑物进行沉降和位移观测,一旦发现异常即组织人员撤离危险区域。

(3)多台机械开挖时,挖土间距在10m以上。多台阶开挖时,应验算边坡稳定性,确保开挖机械的安全稳定。

(4)人工挖基作业时,从基坑内抛上的土方应边挖边运。用土台分层抛掷传运出土时,台阶宽度不得小于0.7m,高度不得大于1.5m。基坑上边缘暂时堆放的土方至少应距坑边0.8m,堆放高度不得超过1.5m。

(5)基坑内应有良好的排水设施。基坑抽水用潜水泵和电源电线应绝缘良好,符合三相五线制和"一机一闸,一漏一箱"要求。抽水时坑内作业人员应返回地面,不得有人在坑内边抽水边作业,移动泵机时必须先拉闸切断电源。

(6)深基坑、深井、深沟必须保持良好的通风条件,并经常检测有毒、有害气体。当二氧化碳含量超过0.3%时,应采取通风措施。当含量虽不超过规定,但作业人员有呼吸不适感觉时,也应采取通风或换班作业等措施。

(7)机械开挖基坑时,坑内不得有人作业。必须留人在坑内操作时,挖掘机械应暂停作业。开挖基坑的人员不得在坑壁下休息,要注意躲避吊送的料具。

(8)基坑开挖应视土质、湿度和开挖深度设置安全坡率。开挖深度1.5m以上且无放坡条件的,必须设置固壁支撑。固壁支撑应经过安全验算并随挖深增加。采用混凝土护壁时,每挖深1m(土质不好还应适当减少),应立即浇注护壁,护壁厚度不得小于10cm。

(9)凡孔内有人作业时,孔边3m以内不得有机动车辆行驶或停放。孔内人员作业时,孔上必须有监护人员,并要随时与孔下人员保持联系,不得擅自撤离岗位。孔上监护工作人员应随时注意孔壁变化及孔底施工情况,发现异常时应立即协助孔内人员撤离,并向有关人员汇报。

九、钢筋作业

(1)钢筋切断机在运行时,严禁用手直接清除切刀附近的断头和杂物。钢筋摆动周围和切刀附近,非操作人员不得停留。

(2)钢筋弯曲机作业中,严禁进行更换芯轴、销子和变换角度、调速等作业,也不得加油或清扫。

(3)严禁在弯曲钢筋的作业半径内和机身不设固定销的一侧站人。

(4)必须在停稳后进行转盘换向。

(5)钢筋调直及冷拉场地应设置防护挡板。作业时,非作业人员不得进入现场。

(6)采用人工锤击切断钢筋时,使锤人员和把扶钢筋、剪切工具人员身位要错开,并防止断下的短头钢筋弹出伤人。

(7)张拉施工中,张拉作业人员应确保安全距离。如锚固端出现异常或其他故障,必须在解除引力的状态下,才能进入作业面。

十、模板施工

(1)不得抛掷吊送材料和工具。机械吊送应由专人指挥。模板要捆绑结实,基坑内的操作人员要注意躲避吊送的料具。

(2)机械吊运模板时,起吊后下面不得站人或有人通行。模板下放距地面1m时,作业人员方可靠近操作。

(3)高处作业应将所需工具装在工具袋内。传递工具时,不得将工具放在平台和木料上，不得插在腰带上。

(4)用斧锤作业时，注意照顾四周和上下的安全，防止误伤他人。

(5)拆除模板不得双层作业。3m 以上模板在拆除时，应用绳索拉住或用起吊设备拉紧，缓慢放下。

(6)模板支拆方法、时间顺序应严格按照施工组织设计要求进行。

十一、脚手架

(1)脚手架要设置栏杆。应经常检查安全设施，确保操作人员和小型机械安全通行。

(2)脚手架上的材料和工具要堆放整齐，积雪和杂物应及时清除。有坡度的脚手板，还要加设防滑木条。

(3)悬空脚手架应用栏杆或撑木固定稳妥、牢靠，防止摆动摇晃。

(4)搭设在水中的脚手架，应经常检查受水冲刷情况，发现松动、变形或沉陷时应及时加固。在脚手架上的作业人员应佩戴救生设备。

(5)搭设钢管井架相邻的两立杆的接头应错开，横杆和剪刀撑要同时安装。

(6)吊篮应严格按照设计要求施工。一个吊篮的保险绳索不得少于 2 根。钢丝绳不得与构造物或其他物件相摩擦。

(7)脚手架高度在 10～15m 时应设置一组缆风绳。缆风绳的地锚应设围栏，以防止碰撞破坏。

(8)拆除脚手架时，周围应设置护栏或警戒标志，并应从上而下拆除，不得上下双层作业。拆除的脚手杆、板应用人工传递或吊机吊下，严禁随意抛掷。

(9)立杆和撑杆的底端埋入地下深度应不小于 50cm，底部要垫实，杆的周围要夯实，以防下沉。遇松散土或无法挖坑的地方，必须在底部垫上扫地板或绑上扫地杆。

(10)脚手架必须设斜撑杆和抛撑杆，并同建筑物连牢。

(11)脚手板要坚固，符合标准，不能有空头，搁置要平稳，不平整的要用木板(不能用砖块)垫平，并用绳子缚牢。

(12)脚手架搭好后，外挡露出的多余部分要及时锯掉，并在端头设置标志，以防止车辆通过时碰撞。

十二、气焊、气割

(1)气焊作业应遵守有关规定。乙炔发生器应采用定型产品，必须备有灵敏可靠的防止回火的安全装置。

(2)乙炔发生器与氧气瓶不得同放一处，且距离大于 5m，距易燃易爆品不得少于 10m。严禁用明火检查是否漏气。氧气、电石应随用随领，用完后送回专用库房。

(3)乙炔发生器与氧气瓶受热不得超过 35℃，防止火花和锋利物件碰撞胶管。气焊枪点火时应按“先开乙炔，先关乙炔”的顺序作业。

(4)氧气瓶、氧气表及焊割工具的表面严禁沾污油脂。

(5)乙炔发生器应每天换水。严禁在浮筒上放置物件，不得用手在浮筒上加压和摇动，添加电石时严禁用明火照明。

(6)乙炔发生器不得放在电线的正下方,焊接场地距离明火不得小于10m。

(7)氧气瓶应设有防振胶圈,并旋紧安全帽,避免碰撞、剧烈振动和强烈阳光曝晒。

(8)乙炔气管用后需清除管内积水。胶管回火的安全装置结冻时应用热水溶化,不得用明火烧烤。

(9)点火时焊枪不得对人。正在燃烧的焊枪不得随意乱放。

(10)电石应放在干燥的地方,移动或搬运时应将桶上的小盖打开,轻移轻放。开桶时头部要闪开,不得用金属工具敲击桶盖。

(11)焊接时,场地应通风良好。焊接完毕,应将氧气阀门关好,拧紧安全罩。雨雪天不得进行露天作业。

气焊是利用可燃气体与氧气混合燃烧的火焰所产生的高热熔化焊件和焊丝而进行金属连接的一种焊接方法。所用的可燃气体主要有乙炔气、液化石油气、天然气和氢气等,目前常用的是乙炔气,因为乙炔在纯氧中燃烧时放出的有效热量最多。

氧气气割是利用金属在高温(金属燃点)下与纯氧燃烧的原理而进行切割。气割开始时,用氧—乙炔焰(预热火焰)将金属预热到燃点(在纯氧中燃烧的温度),然后通过气割氧(纯氧)使金属剧烈燃烧生成氧化物(熔渣),同时放出大量热,熔渣被氧气流吹掉,所产生的热量和预热火焰一起将下层金属加热到燃点,如此继续下去就可将整个金属切开。

十三、拓宽路段施工中的安全技术措施

(1)在边通车边施工路段的两端及中途出入口处,应设专职人员指挥交通。

(2)改建工程需挖除旧路路基、路面进行重建的路段,在施工路段的两端及延伸一定安全距离外,应竖立显示正在施工的警告标志。标志应鲜明、醒目。标志与施工路段的距离,应根据开挖宽度、路线等级、交通流量等情况确定。改建施工作业范围的边缘,在夜间应悬挂红灯示警标志。

(3)改建工程与通车相邻的一侧或两侧,要用红白相间的栏杆等隔离设施进行隔离。市区需用硬围栏进行隔离。

(4)在拓宽地段,如需在原有道路上运送土石方或工程材料时,宜采用机动车辆运输。采用手推车运输时,应在红白相间隔离栅或围栏内进行。

(5)应设置专职的清洁人员,对通车路段的路面进行经常性的清扫工作,以防止车辆碾飞土石伤人、雨后泥泞影响通车、环境遭到扬尘的破坏。道路清洁人员必须穿带有反光条纹的、具有警示标志作用的工作背心等,方可上路作业。

(6)半幅通车路段,在车辆驶入(出)前方应设置指示方向和减速慢行的标志。同时在施工作业区的两端及其延伸一定的安全距离外,设置明显的路栏、隔离墩等。夜间还要在路栏上加设施工标志灯。

(7)半幅施工的路段不宜过长,一般以不超过500m为宜。

(8)每班配置专职人员和通信设备,指挥交通,疏导车辆。

(9)在居民点或公共场所附近开挖沟槽时，按公共场所设施的标准设置牢固护栏和跳板供行人通过。夜间应设置照明灯和红灯。

(10)在旧桥的两端应设置路栏，夜间应在路栏上悬挂警示灯，并在路肩上竖立通向便桥或渡口的指示标志。

交通疏导路标由橡胶材料制成，形状为圆锥形，有反光功能。为防止在使用中被随意移动，底部应有一定的摩阻性能。布设间距为1.5m(见图1-6)。

图1-6　交通疏导路标

路栏应由刚性材料制成，用于强制隔离(见图1-7)。

图1-7　路栏

施工隔离墩为空心半刚性实心半刚性装置，其上有警示色和反光器，使用时空心的内部应放置水袋或灌水，并由连杆相连接(见图1-8)。

图1-8　施工隔离墩

防撞桶结构同施工隔离墩(见图 1-9)。

施工警告灯号分闪光灯号和定光灯号两种。施工警告灯号宜与其他安全设施一起组合使用,安装于路栏、消能抗撞桶、防冲撞装置或独立活动支架上。一般设于夜间养护维修作业路段附近(见图 1-10)。

图 1-9　施工隔离桶

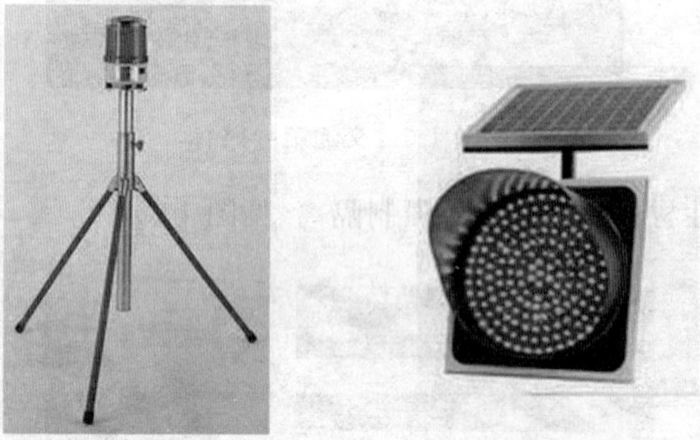

图 1-10　施工警告灯

移动式标志车带有动力装置或可移动装置(拖车)的安全防护设施,颜色为醒目的黄色,并装有黄色施工警告灯号,其后部有醒目的标志牌。

综合实训

(1)作为一个负责桥梁施工(支架现浇连续箱梁)的技术人员,请你向模板施工工人进行安全技术交底,并制定安全技术交底的资料。

(2)请根据以下新闻案例,制定基坑开挖安全专项施工方案。

某日 20 时 30 分,在某立交桥工地,由于基坑土方骤然坍塌,导致正在坑内作业的 4 名工人被掩埋,其中两人腿部受伤,另两人因窒息身亡。

情景再现:20 时 30 分,4 名工人在 10m 深的基坑底部作业,只听"轰隆隆"一阵巨响,大量的土方劈头盖脸地砸下,他们根本来不及躲避,土方便倾泻到了他们身前。大约有 $70m^3$ 的土方发生坍塌,救援人员赶到现场后,迅速清挖土方,将被掩埋的两名工人救出,随即送往医院抢救。当晚,遭到掩埋的另外两名工人因长时间窒息而不幸身亡。

第二单元　安全生产现场管理

任务一　安全生产检查与评价

教学目标	能力目标	1. 能够针对桥梁结构形式分析其安全控制重点。 2. 能够分析桥梁施工中出现安全事故的原因。
	素质目标	培养学生利用所学知识解决具体问题的能力。
	知识目标	1. 熟悉桥梁的安全控制重点分析。 2. 掌握桥梁施工中的安全事故原因分析。

教学方案：利用案例，结合安全相关知识在工程中的应用进行学习，以加深学生的印象，增强教学效果。

案例引入

【基础施工典型案例】

在推进工程顺利进行的同时，要严防工程质量事故及人身伤亡事故的发生，所以，需要进行安全检查。检查的内容和重点包括哪些方面呢？先让我们了解类似的工程出现过的哪些安全质量事故吧！

事故一：某桥混凝土灌注时泥浆比重超标。

原因分析：泥浆护壁过厚，孔壁摩擦系数小，导致不能满足承载力要求，造成返工，损失 20 万元。

事故二：某桥直径 2.4m 桩，$h=70$m，旋转钻机钻头掉入孔底，潜水工下潜打捞，因控制管线与钻杆扭结，造成工人窒息死亡。

事故三：某桥直径 1.6m 钻孔桩成桩后，检测发现桩底有 1m 沉砂。

原因分析：清孔不彻底，泥浆池内有沉渣；清孔完成浇筑混凝土的时间过长，封底前也没有再检测沉渣厚度。采用冲击钻重新成桩，损失 10 万元。

事故四：某广场 B 区施工工地发生基坑坍塌事故，造成 3 人死亡、8 人受伤。

原因分析：

(1)工程设计方案有问题。对于业主上报的施工设计方案，建委已经提出基坑设计存在五大安全隐患，要求进行调整，但是甲方拒绝整改，并无视施工企业提出的五次安全警告，坚持无序施工。

(2)基坑东段严重超载。事故发生前两天，在南边坑顶因施工地下室，造成东段超载达 140t，成为基坑滑坡的直接导火线。

(3)基坑开挖深度超计划。本基坑原设计深度只有 16.2m，而实际开挖深度为 20.3m，超深 4.1m，造成原支护桩成为吊脚桩，成为事故发生隐患。

(4)远超施工安全时限。本来临时支护安全期限为 1 年，但施工时间长达 2 年 9 个月，基坑暴露时间大大延长，导致开挖地层的软化渗透水和已施工构件的锈蚀和锚索预应力损失，强度降低，甚至失效，从而导致基坑南边软弱透水夹层向坑里倾斜滑动。

(5)有滑坡前兆，但未予防范。

【桥墩施工典型案例】

事故一：某大桥江中桥墩已灌注 12m 高，完成钢筋笼，在准备清渣安模之前，钢筋笼突然倒塌，导致 2 人死亡。

原因分析：抗风设施不当是原因之一，虽有浪风索，但未锚固到位；钢筋笼横向临时支撑不够；钢筋笼的钢筋接头断面薄弱。

事故二：施工中的某引桥 10 号桥墩，用泵送混凝土进行第 2 次墩身灌注(高度 6.5～17.5m，灌至 15m)时，墩身模板突然倾倒，作业平台上 5 人坠地，死亡 1 人，受伤 2 人

原因分析：一次灌注墩身高度未经严格检算，当灌注至 9m 时，混凝土压力已超压；灌注速度超速，按要求应不超过 1m/h，实际达到 3m/h。

【桥梁上部安全事故案例】

事故一：某高速公路起点高架全互通立交桥(由 4 联箱梁)施工中，第 3 联右幅桥(50m 长)突然坍塌，69 人坠落，19 人受伤，其中重伤 5 人。

原因分析：立跨杆高度误差偏大，部分扣件未能完全拧紧，水平杆件未采用搭接连接，削弱了支架整体稳定性；坍塌的第 7 跨在支架设计中横向未设剪刀撑，纵向剪刀撑数量不够，造成支架主体稳定性不足；支架设计中对不利荷载因素及荷载分布不均状况认识不足，未采取相应的对策和措施，使支架整体稳定性存在安全隐患；施工单位、监理部门管理不力，安全质量意识淡薄。

事故二：某日，某高速公路三明连接线互通 A 匝道桥模板支架在加载预压时，突然垮塌，造成 6 人死亡、20 人受伤。

原因分析：堆沙作业未按程序堆放，堆沙不均匀造成支架体系失稳；钢管立柱直接立在水泥砼路面上，柱基不坚实，产生了一定的竖向和水平位移；贝雷支架缺少斜向支撑，侧向约束薄弱，在堆荷过程的外力作用下(堆荷设计重量为 1065t，实际加载至 700t 时)，由于支撑体系的局部变形引发支撑体系整体失稳，造成严重的支架垮塌事故。

管理方面的原因：技术管理混乱，支架设计和预压试验方案未按规定程序审批；未对

临时招用的堆沙人员进行必要的安全教育；工程监理不严，对施工设计方案未经审批，支架体系存在明显隐患，未采取有效措施予以制止并及时向上级反映；施工安全监督管理不严。

事故三：某日，某大桥施工过程中发生一起脚手架坍塌事故。当加载实验至设计荷载的90%(1100t)时，脚手架失稳，整体坍塌，20多名施工人员全部坠入河中，造成3人死亡、7人受伤的重大事故。

原因分析：支架的搭设没有详细的施工方案，设计计算也只凭经验；对支架进行荷载实验无实验方案，对操作程序未进行严格规定，也没有检查验收；在加荷过程中既没有专人指挥，也没有严格按照自大桥两岸向中间对称加载的方法，盲目进行单侧加载，从而使桥身负荷偏载，重心偏移，脚手架立杆弯曲变形，引发整体坍塌；脚手架立杆底部在水下，其支撑强度如何没有详细的勘察，只采用了向水中抛砂袋方法，此种方法也没有经实验印证资料说明其效果的可靠程度；钢管材料不合格，经检测，有47%的钢管壁厚不足3.5mm，最薄的仅2mm。

事故四：某日，某市新华街立交桥引桥4×30m预应力混凝土连续梁施工时，钢管碗扣脚手架垮塌，造成2人死亡、梁体报废。

原因分析：脚手架设计未经仔细计算，最大立杆间距为3m，最大平杆间距为1.4m；没有进行荷载预压即直接浇注混凝土；浇注混凝土时没有对支架进行监测。

事故五：某日，某大桥东二环六标段引桥满布脚手架预压施工时，1000多吨重、近千个沙包将18m高的支架突然压坍塌，4人被埋，其中2人死亡。

原因分析：连降暴雨，雨水浸泡加重了沙包的重量，超过脚手架承重极限；地基固化处理不到位，雨水浸泡导致基础软化；脚手架螺丝及碗扣松动。

知识介绍

一、一般规定

(1)工程项目的建设单位、监理单位和施工单位，均应制定相应的安全检查制度。

(2)安全检查内容具体有以下三点：

①查物的状态是否安全。检查生产设备、工具、安全设施、个人防护用品、生产作业场所以及生产物料的存储是否符合要求。

②查人的行为是否安全。检查有无违章指挥、违章操作、违反安全生产规章制度的行为，重点检查危险性大的作业岗位是否严格按操作规程作业，危险作业是否执行审批程序。

③查安全管理是否完善。检查安全生产管理制度是否建立健全，安全生产责任制是否落实，安全生产总目标和工作计划是否落实到各部门、各岗位，安全教育是否经常开展并使作业人员安全素质得到提高，安全生产检查是否制度化、规范化，检查发现的事故隐患是否及时整改，实施安全技术与措施计划的经费是否落实，是否按“四不放过”原则做好事故处置工作。

(3)安全检查的主要形式包括验收性检查、定期检查、专项检查、经常性检查、季节性检查。

(4)工程参建单位应建立安全事故隐患排查治理长效机制,定期开展安全事故隐患排查治理活动,重点推动安全生产责任制的落实,全面排查整治安全事故隐患和事故易发环节,认真解决存在的突出问题,有效防范和遏制生产安全事故的发生。

(5)建设单位、监理单位和施工单位均应按《交通运输部关于开展公路水运工程"平安工地"考核评价工作的通知》(交质监发[2012]679 号)要求,定期开展考核评价工作。

二、安全检查的程序

(1)确定检查对象、目的和任务。

(2)制定检查计划,确定检查内容、方法和步骤。

(3)组织检查人员(配备专业人员),成立检查组织。

(4)进入被检查单位进行实地检查和必要的仪器测量。

(5)查阅有关安全生产的文件和资料并进行检查访谈。

(6)作出安全检查结论,根据检查情况指出事故隐患和存在问题,提出整改建议和意见。

(7)被检查单位按照"三定"(即定人、定时间、定措施)原则进行整改。

(8)被检查单位将整改情况报检查组织,检查组织进行复查。

(9)总结检查情况。

三、安全检查

安全检查是指对生产过程及安全管理中存在的隐患、有害与危险因素、缺陷等进行查证,以确定隐患与危险因素、缺陷的存在状态,分析可能转化为事故的条件,制定整改措施,消除隐患与危险因素,确保安全生产的工作方法。安全检查是安全生产管理工作的一项重要内容,是安全生产工作中发现不安全状况和不安全行为的有效措施,是消除事故隐患、落实整改措施、防止伤亡事故发生、改善劳动条件的重要手段。

(1)开(复)工前安全检查。新项目开工前和在建项目停工后复工前,应由监理单位组织施工单位等相关部门进行工地的全面检查,核查项目是否具备安全生产条件,如发现问题应及时督促整改,符合安全生产条件的方可开(复)工。

(2)定期检查。工程参建单位开展检查时,应由其主要负责人牵头组织。定期检查应明确检查频率,重点检查重大风险源的安全防范技术措施及现场安全防护措施的落实情况。建设单位宜每季度组织不少于 1 次的检查,监理单位宜组织每两个月不少于 1 次的检查,施工单位应组织每月不少于 1 次的全面检查,施工班组每天应对施工生产进行检查。

(3)专项检查。专项检查分为内业检查和外业检查。其中,内业检查可分为保证项检查和一般项检查。

①保证项检查包括安全生产责任制、施工组织设计及专项施工方案、安全生产专项费用、风险评估管理、安全技术交底、安全检查评价、安全教育培训、应急管理等。

②一般项检查包括分包单位的管理、持证上岗、生产安全事故处理等。

③外业检查包括安全防护、施工用电、消防安全、设备安全、危险性较大分部分项工程专项施工方案执行情况、安全标志等。

④专项检查由安全管理部门组织，针对工程建设的关键环节、关键部位的安全状况采取有针对性的检查，宜对照专项施工方案进行检查，以发现并解决在施工前及施工中存在的问题。

(4)经常性检查。检查应由施工单位安全管理人员或监理单位的安全监理工程师，根据工程施工作业进度适时安排。施工单位安全管理人员应针对当天作业分布情况，重点检查安全生产关键部位和事故易发环节。经常性检查应覆盖施工全过程。安全监理工程师应对重大风险源进行跟踪巡视检查。

(5)季节性检查。检查内容可根据施工安全敏感时间段(如冬季、雨季、放假时间较长的节假日等)确定，同时应对该时间段的安全注意事项(如防滑、防冻、防坍塌、防火、防中毒、防坠落、防疲劳、防思想松懈等)提前布置并加强检查。

(6)验收性检查。主要检查对象是施工现场新搭设的脚手架、物料提升机、施工用电、塔吊、外用电梯、大型模板支撑系统等项目。检查应严格对照相关标准进行。工程实行总承包的，当存在两个或多个分包单位共同或交叉施工时，验收性检查应由总承包单位组织，对相关作业部位的安全作业环境条件进行验收和移交。

(7)安全检查记录和安全事故隐患整改、处置和复查。

①对于检查中发现的违章指挥、违章作业行为，应立即制止，并责令其予以纠正。

②各类安全检查应按相关技术标准和规章制度的要求进行，安全检查结果应形成文字记录。安全事故隐患整改应做到“三定”，即定人、定时间、定措施。

③安全事故隐患治理情况应按期复查，复查合格后方可销项，复查情况应形成文字记录。

四、事故隐患排查治理

施工现场安全事故隐患主要分为两类。

(1)一般事故隐患，指危害和整改难度较小，发现后能够立即整改排除的隐患。

(2)重大事故隐患，指危害和整改难度较大，应全部或局部停工整顿，并经过一定时间整改治理方能排除的隐患，或因外部因素影响致使施工单位自身难以排除的隐患。

施工单位是安全事故隐患排查治理的责任主体，应结合工程特点，建立健全安全事故隐患排查、建档、治理、验收、销号的工作制度，并设专人负责。建设、监理及相关单位应积极配合施工单位做好重大事故隐患的排查治理工作。

施工单位应定期组织安全生产管理人员、工程技术人员和其他相关人员排查安全事故隐患。对排查出的重大事故隐患，应登记建档，制定专项治理方案，明确治理的措施、资金、时限和责任人，并向监理单位、建设单位报告。

监理单位发现施工安全事故隐患时应及时纠正，严格审查重大事故隐患治理方案，并对治理全过程予以监督检查和复核验收。对施工单位不认真治理，或重大事故隐患可能产生严重后果的，应及时向建设单位报告。

安全事故隐患排查治理内容包括八项：一是施工安全法律法规、标准规范和规章制度的贯彻执行情况；二是安全生产责任制和责任追究制的建立和落实情况；三是安全生产专项费用的提取和使用情况;四是危险性较大分部分项工程,特别是深基坑工程、高边坡工程、高大模板工程、施工起重机械设备以及脚手架工程等专项施工方案的编制、专家论证和实施情况;五是安全培训教育情况,特别是农民工、特种作业人员培训教育和“三类人员”的培训考核及持证上岗;六是应急救援预案的制定、演练以及有关应急物资设备的配备和维护情况;七是施工班组安全事故隐患定期巡查记录、自查自纠和销号情况;八是事故报告和处理,以及对有关责任单位和责任人的追究和处理情况。

安全事故隐患排查治理应以防范脚手架、起重机械事故和规范安全防护用品的使用为重点,主要内容:一是模板支撑系统的施工方案的编制、审批、专家论证、交底、验收等情况;二是起重机械的备案登记、安装、拆卸、检测、验收、使用、维修保养等情况;三是安全帽、安全带和安全网等安全防护用品的采购、查验、检测、使用情况。

施工安全事故隐患治理应做到五落实,即方案落实、材料落实、资金落实、进度落实,责任落实。

(1)对于一般事故隐患,由施工单位项目负责人或有关人员立即组织整改。

(2)对于重大事故隐患,应制定并实施隐患治理方案。重大隐患治理方案应包括:治理的目标和任务、采取的方法和措施、经费和物资的落实、负责治理的机构和人员、治理的时限和要求、安全措施和应急预案。

施工单位在安全事故隐患治理过程中,应采取相应的安全防范措施,防止事故发生。隐患排除前或排除过程中无法保证安全的,应从危险区域内撤出作业人员,疏散可能危及的其他人员,并设置警戒标志,暂时停产或停止使用。

施工单位应坚持“不安全,不生产”的原则,对当时不能立即排除的安全事故隐患,应采取有效的防范措施加以控制,并限期解决;对隐患无防范措施的单位,建设单位和监理单位要坚决予以停工整改。

五、安全评价和改进

(一)安全评价

(1)施工单位应以创建“平安工地”为安全管理目标,强化科学管理,对合同段创建“平安工地”及考核评价结果负主体责任。施工单位应建立健全安全生产责任体系,保证安全生产条件,落实安全生产责任,编制专项施工方案,开展安全风险预控。经常开展安全生产和安全事故隐患排查,每月应至少组织一次全面自查,重点检查“平安工地”建设情况、安全管理及工程现场安全生产情况,及时消除安全管理中的薄弱环节。自查考核评价结果应存档,并向监理和建设单位报备。

(2)建设单位应将创建“平安工地”作为安全监理的主要内容,严格执行安全检查、巡查和督促整改;强化专项施工方案的审查审批,定期开展安全隐患排查,发现问题及时督促整改,确保“平安工地”建设要求落到实处。按规定每季度对监理范围内各施工合同段独立开展考核评价,复核施工单位自查考核评价结果。同时,对本监理合同段进行自查考核评价。监理单位的考核评价结果应存档,并向建设单位报备。

(3)建设单位应落实安全生产责任,加强组织领导,改善安全生产条件,保证安全生产费用,对“平安工地”创建达标负总责。建设单位应建立和完善考核评价和奖惩制度,加强过程监督检查和隐患排查治理，及时督促整改安全隐患，对创建工作和隐患整改不力的单位应予以处罚。监理单位应每半年对所有施工和监理合同段组织一次“平安工地”考核评价，建立考核评价台账，发现问题应限期整改。建设单位应建立和完善“平安工地”档案管理制度，对施工和监理单位的考核评价记录及结果应存档，并将评价结果向负责监管的交通运输主管部门报备。

(二)改　进

(1)工程参建单位每年应根据评定结果，对安全生产目标、考核指标、规章制度、操作规程等进行修改完善，持续改进。

(2)工程参建单位发生死亡事故后，应重新进行全面评定。

综合实训

实训一：某大桥正在紧张施工，我们来模拟一次安全检查。

一、桩基与深基坑检查的重点

桩基施工检查的重点内容如下：

(1)钻机检测、验收、登记。

(2)施工组织设计，注意可能出现的塌孔；防止掉钻、卡钻现象。

(3)做好泥浆池及成孔的现场保护工作。

深基坑施工检查的重点内容如下：

(1)钢板桩的设计必须逐墩进行，除非各墩的地质情况完全一样。

(2)认真分析钢板桩的力学参数、水和土的压力、必要的入床深度、各工况的结构内力及稳定性。

(3)在狭小的施工面积内，注意起重吊装、开挖除泥及坑底工人立体交叉作业的协调。

(4)深基坑顶围堰外的弃土、弃渣不得单侧堆放，避免造成对围堰的不均匀侧向压力。

二、桥墩施工检查的重点

(1)墩身混凝土灌注前，应仔细检查模板螺栓是否完好齐全、有否漏拧或欠扣。

(2)墩身混凝土灌注时，应按设计控制混凝土灌注高度及速度，防止侧压力超限。

(3)高桥墩钢筋笼应有强劲的临时支撑。

(4)高桥墩的上人梯与桥墩间要有牢固的横向连接。

(5)施工中应严防吊机吊臂刮碰钢筋笼。

(6)工人高空作业采取必要的防护措施。

三、满布脚手架及钢管支架施工检查的重点

(1)基础必须按规定进行固化处理。

(2)满布脚手架必须按规定适时安设剪刀撑，横撑、斜撑必须保证牢固。

(3)碗扣式或插件式满布脚手架的连接安装必须严格到位；扣件使用前对抗滑能力应

做检验，使用后对紧固力矩应按规定进行抽测。

(4)钢管连接螺栓必须全部紧固到位。

(5)支架的顶托与地托应旋紧到位；支架底部槽钢与混凝土地基间隙应用沙填满塞紧。

(6)沙袋加载时，必须对称加载，避免不均匀推力，并尽量避开雨天施工。

(7)钢管支架上部贝雷梁安装时，注意吊车的起吊角度、重量。

四、起重机操作检查的重点

(1)起重机事故可直接导致大桥坍塌，也是导致人身伤亡事故的主要原因之一，所以必须加以重点防范。

(2)应从起重机司机、起重机设备(人与物的因素)两方面采取主动防范措施。

①对于起重机司机情况，重新进行清查及登记，并造册报送监理，不合格的予以清退。

②适当时机举办司机驾驶操作考试或竞赛。

③对于现场使用的起重机的机械整备状态全面清查一次，包括驾驶操作系统、行走、起吊、回转、启动及制动系统的功能是否正常等；对设备构件焊缝、零配件细节进行全面检查，防止结构本体失稳破坏。

(3)塔式起重机应检查基础牢固情况、机身与桥墩横向连接设置情况，严禁在高压线上方及附近施工。

(4)塔吊作业范围内不得有生活区及高压线。

(5)起重机的支腿应支撑在具有足够支承力的地基上，各腿应均匀受力；起重机位置应避开工人上下梁的人行通道。

(6)起重机操作时，指挥者的占位必须保证他与司机、现场作业人员的沟通及信息交流顺畅。

实训二：根据以下某监理单位的安全检查制度，制定一个桥梁施工项目部的安全检查制度。

安全生产检查是监理工程师必须履行的职责，也是监督施工单位及时消除事故隐患、杜绝不安全因素的方法途径和有力措施，总监办必须认真抓紧抓好这项工作。

一、安全检查的内容

检查施工单位是否建立健全了安全保证体系、安全生产制度，安全保证体系是否正常运行。一般包括制度执行、安全责任制落实、机械设备装置检查验收、安全防护设施设置、安全教育(培训、交底)执行、操作行为规范、隐患管理、劳保用品使用、文明施工、伤亡事故处理、安全经费使用和临时用电管理等内容。安全检查应作认真详细的记录，对事故隐患的记录必须具体。

二、安全检查的方式

总监办每月组织一次安全检查，时间定为每月的 20～29 日；安全监理工程师每月至少10次对施工现场进行安全工作巡视检查。对于特殊季节、节假日，根据需要安排检查。

三、安全检查发现的问题处理

对于总监办每月一次的检查，检查出的安全问题通过检查通报的方式督促承包人进行整改。对于总监理工程师、安全监理工程师和其他监理人员在平时的巡视、旁站过程中检查出的问题，可通过《监理工程师通知单》等形式督促承包人进行整改。对检查存在的问题在相关单位整改完毕提出复查后，总监办还应及时对整改结果进行复查，并作好相关复查记录。对于短时间内难以消除的安全隐患，制定出督促整改计划，并对整改期施工现场的防范措施进行检查。

任务二　安全生产教育培训

<table>
<tr><td rowspan="3">教学目标</td><td>能力目标</td><td>1. 能够认知安全生产教育的意义。
2. 能够正确使用安全防护用品。
3. 在出现事故后能够进行自救。</td></tr>
<tr><td>素质目标</td><td>培养学生利用所学知识解决具体问题的能力。</td></tr>
<tr><td>知识目标</td><td>1. 熟悉安全生产教育的意义。
2. 掌握安全防护用品的使用方法和事故的自救措施。</td></tr>
</table>

教学方案：利用案例和模拟演练来完成授课目标，增强学生的动手能力。

知识介绍

很多安全事故的出现，是由从业人员经验不足、单位未对工人进行安全培训造成的，下面介绍安全生产教育的具体规定。

一、安全生产教育的意义

《中华人民共和国安全生产法》规定："生产经营单位应当对从业人员进行安全生产教育和培训，保证从业人员具备必要的安全生产知识，熟悉有关的安全生产规章制度和安全操作规程，掌握本岗位的安全操作技能。未经安全生产教育和培训合格的从业人员，不得上岗作业。"《中华人民共和国建筑法》规定："建筑施工企业应当建立健全劳动安全生产教育制度，加强对职工安全生产的教育；未经安全生产教育培训的人员，不得上岗作业。"《建设工程安全生产管理条例》规定："施工单位应当建立健全安全生产责任制度和安全生产教育培训制度……"接受安全教育、组织安全培训，是建筑业职工和施工企业的法定义务。

二、安全生产教育培训的种类

(1)企业管理人员(企业负责人、项目负责人、专职安全生产管理人员)的安全生产教育培训。

(2)新工人三级安全教育培训。建筑业企业职工三级安全教育培训，是指施工单位对新进场的工人进行的公司、项目(或工区、工程处、施工队)、班组三级安全教育培训。新进场的工人必须接受三级安全教育培训，并经考核合格后，方能上岗。

①公司级安全教育培训内容包括：安全生产的意义和基础知识；国家安全生产方针、政策、法律、法规；国家、行业安全技术标准、规范、规程；地方有关安全生产的规定和安全技术标准、规范、规程；企业安全生产规章制度等；企业历史上发生的重大安全事故和应吸取的教训。

②项目级安全教育培训内容包括：施工现场安全管理规章制度及有关规定；各工种的安全技术操作规程；安全生产、文明施工基本要求和劳动纪律；工程项目基本情况，如现场环境、施工特点、危险作业部位及安全注意事项；安全防护设施的位置、性能和作用。

③班组级安全教育培训内容包括：本班组从事作业的基本情况，如现场环境、施工特点、危险作业部位及安全注意事项；本班组使用的机具设备及安全装置的安全使用要求；个人安全防护用品的安全使用规则和维护知识；班组的安全要求及班组安全活动等。

(3)特种作业人员的安全教育培训。所谓特种作业，是指对操作者本人，尤其对他人和周围设施的安全有重大危害因素的作业。根据《特种作业人员安全技术考核管理规则》(GB 5306—1985)的规定，特种作业范围包括垂直运输机械作业人员、安装拆卸人员、起重信号工、登高架设人员、电工作业、爆破作业、预应力张拉、水上作业、大(中)型机械操作员和符合基本定义的其他作业。

(4)管理人员和作业人员的年度安全教育培训。

(5)作业人员转场、转岗安全教育培训。

(6)使用新技术、新工艺、新设备、新材料安全教育培训。由施工单位技术部门和安全部门负责进行，其内容主要有：

①新技术、新工艺、新设备、新材料的特点、特性和使用方法。

②新技术、新工艺、新设备、新材料投产使用后可能导致的新的危害因素及其防护方法。

③新产品、新设备的安全防护装置的特点和使用。

④新技术、新工艺、新设备、新材料的安全管理制度及安全操作规程。

⑤采用新技术、新工艺、新设备、新材料应特别注意的事项。

(7)季节性安全教育。

①夏季施工安全教育的内容主要包括：安全用电知识，如常见触电事故发生的原理、预防触电事故发生的常识、触电事故的一般解救方法等；预防雷击知识，如雷击发生的原因、避雷装置的避雷原理、预防雷击的常识等；防坍塌安全知识，包括基坑开挖安全、基坑支护安全知识等；预防台风、暴风雨、泥石流等自然灾害的安全知识；防暑降温知识。

②冬季施工安全教育的内容主要包括：防冻、防滑知识，如施工作业面的防结冰、防滑安全作业知识等；防火安全知识，如施工现场常见火灾事故发生的原因分析、预防火灾事故的措施、消防器材的正确使用、扑救火灾的方法等。

③安全用电知识、冬季用电取暖设备的安全使用知识等。

④防中毒知识，如固体、液态及挥发性强的气体等有毒有害物质的特性，中毒症状的识别，救护中毒人员的安全常识以及预防中毒的知识等。

(8)节假日安全教育。

①加强对管理人员和作业人员的思想教育，稳定职工工作情绪。

②加强劳动纪律和安全规章制度的教育。

③班组长要做好上岗前的安全教育，可以结合安全技术交底内容进行。

④对较易发生事故的薄弱环节，进行专门的安全教育。

(9)其他形式的安全教育培训。

进行安全教育，可根据施工单位和职工的具体情况，针对教育内容和教育对象，采取多种形式的经常性的安全教育活动，如举办安全活动日、安全知识竞赛活动、安全知识讲座，召开事故现场会，利用安全知识黑板报、宣传栏、安全宣传挂图、标语等。

知识延伸

培训教育的具体规定包括以下 15 个方面的内容：

(1)工程参建单位应严格执行国家、地方、行业及企业对员工安全教育培训的有关规定，适时组织员工和特种作业人员的教育培训工作，从业人员应按规定持有效的资格证书上岗。未经安全生产教育培训考核或培训考核不合格的人员，不得上岗作业。

(2)安全教育培训应坚持“先培训、后上岗”的原则。安全教育培训有“三类人员”培训、特种作业人员培训、进场安全教育、三级安全教育、班前(岗前)安全教育等形式。

(3)安全教育培训应贯穿施工全过程，并有计划地分层次、分岗位、分工种实施。所有安全教育要有受教育人的亲笔签名，其教育培训情况记入个人工作档案。

(4)“三类人员”应参加规定课时和规定内容的安全教育培训，取得考核合格证，并应在证书有效期内至少参加一次由交通运输主管部门组织的、不少于 8 学时的安全生产继续教育。

(5)特种作业人员应参加相关主管部门的安全培训，取得特种作业操作资格证书，并按规定参加复审培训。

(6)新工人进场应进行公司级、项目部级、班组级三级安全教育，公司级、项目部级不少于 15 学时，班组级不少于 20 学时。

(7)施工单位在采用新技术、新工艺、新设备、新材料时，应对作业人员进行相应的安全生产教育培训。

(8)新进人员和作业人员进入新的施工现场或转入新的岗位前，应进行安全生产培训。

(9)施工单位应对管理人员和作业人员进行每年不少于 2 次的安全生产教育培训。

(10)施工单位法定代表人、生产经营负责人、项目经理每年接受安全培训的时间不得少于 30 学时。

(11)专职安全管理人员每年应接受安全技术专业培训的时间不得少于 40 学时。

(12)其他管理人员和技术人员每年应接受安全培训的时间不得少于 20 学时。

(13)特殊工种(包括电工、焊工、架子工、司炉工、爆破工、机械操作工、起重工、塔吊司机及指挥人员、人货两用电梯司机等)在通过专业技术培训并取得岗位操作证后,每年仍需接受有针对性的安全培训,时间不得少于20学时。

(14)企业其他职工每年接受安全培训的时间不得少于15学时。

(15)企业待岗、转岗、换岗的职工,在重新上岗前,应接受一次安全培训,培训时间不得少于20学时。

综合实训

结合某单位对新进职工的一次安全培训,请你确定对起重工的安全培训内容。

一、安全生产管理知识

安全生产方针:安全第一,预防为主,综合治理。

安全生产原则:管生产必须管安全。

安全生产中的"三不伤害"与"三违":不伤害自己、不伤害别人、不被别人伤害;违章指挥、违章作业、违反劳动纪律。

安全事故处理"四不放过"原则:事故原因分析不清不放过;事故责任者和群众没有受到教育不放过;没有采取切实可行的防范措施不放过;事故责任者没有受到严肃处理不放过。

桥梁安全生产中的五大伤害:高处坠落、物体打击、触电、机械伤害、坍塌。

新工人进入工地现场的六项准备工作包括:

(1)进入工地必须经过培训,施工前每个班组成员应清楚地知道工作中存在的危险性。

(2)每个班组成员应熟悉施工工艺,切不可冒险作业。

(3)施工现场不许穿大短裤、背心或拖鞋。

(4)班组长应召开班前会议,以简短为主。

(5)领取相关安全防护用品。

(6)检查安全防护用品的有效性,并正确使用。

二、常用的安全防护用品

高空作业防护用品:安全帽(头部保护)、安全带(防高空坠落)、防坠器(防高空坠落)。

身体防护用品:工作服(身体防护)、焊工面罩(强光防护)、焊工服(辐射防护)、防护眼镜(屑、粉尘防护)、防护面罩(脸部防护)、防护鞋(砸、穿刺)、手套(手部保护)。

预防职业病防护用品:耳塞(噪音)、口罩(粉尘防护)。

三、桥梁施工事故常见类型及急救措施

(一)桥梁施工事故常见类型

事故的发生来自于:违章操作、侥幸心理、冒险心理、操作不熟练、反应迟钝、疲劳操作。常见事故的类型有:

(1)支架或脚手架倾倒——砸伤、坠落。

(2)临时用电——触电(点击、电伤)。

(3)高空作业——跌落、跌伤。

(4)不戴安全帽——物体打击。

(5)动火、易燃品存放不当——火灾。

(二)事故的急救措施

1.触电急救

首先立即切断电源,切忌用手去拉触电者,用竹竿或木棍把触电者和导体分离开来。

诊断与急救:没有呼吸但有心跳,采用口对口(鼻)人工呼吸法;有呼吸但无心跳,采用胸外心脏按压法;呼吸、心跳均没有,两法同时进行。

2.高空坠落急救

事故导致后果有骨折、昏迷、内伤,一般后果比较严重,应立即送医院,使用担架,以防止二次伤害。

3.中暑急救

在高温烈日环境下工作,通风不良,身体出现体温升高、水电解质平衡失调及神经系统损伤等一系列症状,称为"中暑"。中暑症状有大量出汗、头昏眼花、耳鸣、恶心、胸闷、心悸、注意力很难集中、四肢无力及发麻,伴有高温(38℃以上),严重时伴有昏厥、痉挛、皮肤苍白等休克表现。中暑如治疗不及时,可能会引发生命危险,急救措施如下:

(1)轻度:将患者移至阴凉处休息,并喂以浓茶或淡盐水饮料。

(2)中度:将患者移至有空调或通风场所,并让其服用十滴水、藿香正气丸等药品,同时使用井水、冰水、酒精或以冰袋置于头、颈、四肢以及大血管的分布区,进行体表降温。降温时注意体温、脉搏的变化。

4.骨折急救

治疗原则:复位、固定、功能锻炼。

急救措施包括:创口包扎,防止污物进入伤口,妥善固定;将受伤的上肢或下肢与身体固定,防止晃动使伤势加重;送医院处理。

5.火灾急救

火灾发生后应采取如下措施:

(1)初始阶段:停止手中的作业,利用附近的灭火器灭火,同时招呼附近的人员一起灭火,并向上级汇报。

(2)大火阶段:立即从安全通道有秩序地疏散,同时通知附近的施工人员,及时向领导和项目部报告,到紧急集合点集合,各个班组清点人数。

个人急救措施:发生火灾时不可以乘坐电梯;用湿毛巾或衣服捂住口鼻,身上着火时就地打滚。

任务三　安全事故处理

教学目标	能力目标	1. 能够认知安全事故的分类。 2. 能够处理安全事故。
	素质目标	培养学生利用所学知识解决具体问题的能力。
	知识目标	1. 了解安全事故的分类。 2. 掌握安全事故的处理过程及事故原因的分析方法。

教学方案：利用案例，结合安全事故处理在工程中的具体应用进行讲授，以加深学生的印象，增强教学效果。

案例引入

在某大桥施工过程中，由于安全管理规范，施工前期未发生过安全事故，但在引桥桥面铺装施工过程中，一位工人从桥面的左幅到右幅去施工。在桥中央分隔带位置有联系左右幅的临时人工通道，离他所在的位置有 50m 的距离。可能是为了节省时间，他没有走人工通道，而是直接一步迈向了中央分隔带，虽然宽度只有 1m，但他就是从这 1m 的位置掉了下去。

既然事故已经发生了，该如何处理呢？应该以何种程序上报呢？

知识介绍

一、生产安全事故的概念

在施工生产过程中，造成人员死亡、伤害、职业病、财产损失或其他损失的意外事件，统称为“生产安全事故”。

职工在劳动过程中发生的人身伤害、急性中毒事故，称为“伤亡事故”。

二、伤亡事故的分类

依据《企业职工伤亡事故分类标准》(GB 6441—1986)的规定，根据事故给受伤害者带来的伤害程度及其劳动能力丧失的程度，可将事故分为轻伤、重伤和死亡三种类型。

轻伤事故：指损失工作日低于 105 日的失能伤害的事故。

重伤事故：指造成职工肢体残缺或视觉、听觉等器官受到严重损伤，一般能导致人体功能障碍长期存在的，或损失工作日等于和超过 105 日（小于 6000 日），劳动力有重大损失的失能伤害事故。

死亡事故：指事故发生后当即死亡（含急性中毒死亡）或负伤后在 30 天内死亡的事故。死亡的损失工作日为 6000 日。

三、伤亡事故类别分类

依据《企业职工伤亡事故分类标准》(GB 6441—1986)，按事故类别即按致害原因进行的伤亡事故类别分类如下：

(1)物体打击：指失控物体的惯性力造成的人身伤害事故。

(2)车辆伤害：指本企业机动车辆引起的机械伤害事故。

(3)机械伤害：指机械设备或工具引起的绞、碾、碰、割、戳、切等伤害，但不包括车辆、起重设备引起的伤害。

(4)起重伤害：指从事各种起重作业时发生的机械伤害事故，但不包括上下驾驶室时发生的坠落伤害和起重设备引起的触电以及检修时制动失灵引起的伤害。

(5)触电：由电流流经人体导致的生理伤害。

(6)淹溺：由于水大量经口、鼻进入肺内，导致呼吸道阻塞，发生急性缺氧而窒息死亡的事故。它适用于船舶、排筏、设施在航行、停泊、作业时发生的落水事故。

(7)灼烫：指强酸、强碱溅到身体上引起的灼伤，或因火焰引起的烧伤、高温物体引起的烫伤、放射线引起的皮肤损伤等事故，但不包括电烧伤及火灾事故引起的烧伤。

(8)火灾：指造成人身伤亡的企业火灾事故。不适用于非企业原因造成的、属消防部门统计的火灾事故。

(9)高处坠落：指由危险重力势能差引起的伤害事故。适用于脚手架、平台、陡壁施工等场合发生的坠落事故，也适用于由地面踏空失足坠入洞、沟、升降口、漏斗等引起的伤害事故。

(10)坍塌：指建筑物、构筑物、堆置物等倒塌以及土石塌方引起的事故。不适用于矿山冒顶片帮事故及因爆炸、爆破引起的坍塌事故。

(11)冒顶片帮：指矿井工作面、巷道侧壁由于支护不当、压力过大造成的坍塌(片帮)以及顶板垮落(冒顶)事故。适用于从事矿山、地下开采、掘进及其他坑道作业时发生的坍塌事故。

(12)透水：指从事矿山、地下开采或其他坑道作业时，意外水源带来的伤亡事故。不适用于地面水害事故。

(13)放炮：指由放炮作业引起的伤亡事故。

(14)瓦斯爆炸：指可燃性气体瓦斯、煤尘与空气混合形成的达到燃烧极限的混合物接触火源时引起的化学性爆炸事故。

(15)火药爆炸：指火药与炸药在生产、运输、储藏过程中发生的爆炸事故。

(16)锅炉爆炸：指锅炉发生的物理性爆炸事故。适用于使用工作压力大于70kPa、以水为介质的蒸汽锅炉，但不适用于铁路机车、船舶上的锅炉以及列车电站和船舶电站的锅炉。

(17)受压容器爆炸：指压力容器破裂引起的气体爆炸(物理性爆炸)以及容器内盛装的可燃性液化气在容器破裂后立即蒸发，与周围的空气混合形成爆炸性气体混合物遇到火源时产生的化学爆炸。

(18)其他爆炸：可燃性气体煤气、乙炔等与空气混合形成的爆炸；可燃蒸汽与空气混合形成的爆炸性气体混合物引起的爆炸；可燃性粉尘以及可燃性纤维与空气混合形成的爆炸性气体混合物引起的爆炸;间接形成的可燃气体与空气相混合,或可燃蒸汽与空气相混合遇火源而爆炸的事故。炉膛爆炸、钢水包、亚麻粉尘的爆炸等也属“其他爆炸”。

(19)中毒和窒息:指人接触有毒物质或呼吸有毒气体引起的人体急性中毒事故,或在通风不良的作业场所,由于缺氧有时会发生突然晕倒甚至窒息死亡的事故。

(20)其他伤害:指上述范围之外的伤害事故,如扭伤、跌伤、冻伤、野兽咬伤等。

四、建筑业的多发事故类别

通过对近年来山东省建筑业的事故统计资料分析发现,事故主要发生在高处坠落、物体打击、触电、机械伤害和坍塌这五个事故类别。

(1)高处坠落,占事故总数的45%~55%,主要发生在以下作业地点:脚手架、桥面等临边;预留洞洞口;脚手架、模板;塔机、物料提升机等起重机械的安装、拆卸作业。

(2)物体打击,占事故总数的12%~15%,主要发生在同一垂直作业面的交叉作业中、下方受上方坠落物体的打击。

(3)触电,占总数的10%~12%,事故发生的原因主要包括:对外电线路缺乏保护;未执行三级配电两级保护,未安装漏电保护器或失灵,未按规定进行接地或接零;机械、设备漏电;线缆破皮、老化;照明未使用安全电压等。

(4)机械伤害,占事故总数的10%左右,主要指起重机械或机具、钢筋加工、混凝土搅拌、木材加工等机械设备对操作者或相关人员的伤害。

(5)坍塌,基坑坍塌事故成为建筑业的第五大类事故,目前占事故总数的5%~8%。

五、生产安全事故等级划分

根据国务院《生产安全事故报告和调查处理条例》(2007年国务院令第493号)规定,按照生产安全事故造成的人员伤亡或直接经济损失,事故一般分为四个等级。

(1)特别重大事故,是指造成30人以上死亡,或100人以上重伤(包括急性工业中毒,下同),或1亿元以上直接经济损失的事故。

(2)重大事故,是指造成10人以上30人以下死亡,或50人以上100人以下重伤,或5000万元以上1亿元以下直接经济损失的事故。

(3)较大事故,是指造成3人以上10人以下死亡,或者10人以上50人以下重伤,或1000万元以上5000万元以下直接经济损失的事故。

(4)一般事故,是指造成3人以下死亡,或10人以下重伤,或1000万元以下直接经济损失的事故。

所称的“以上”包括本数,所称的“以下”不包括本数。

知识延伸

事故报告和处理的有关规定。

一、安全事故报告

事故发生后,事故现场有关人员应立即向本单位负责人报告;单位负责人接到报告后，应于1h内向事故发生地县级以上人民政府安全生产监督管理部门和负有安全生产监督管理职责的有关部门报告。

情况紧急时，事故现场有关人员可直接向事故发生地县级以上人民政府安全生产监督管理部门和负有安全生产监督管理职责的有关部门报告。

事故发生后，施工单位还应立即报告监理单位和建设单位；监理单位得到消息后，应向建设单位报告；建设单位应向事故发生地交通运输主管部门报告。

事故报告的主要内容如下：

(1)事发项目的简要概况。

(2)事故发生的时间、地点以及现场情况。

(3)事故的简要经过和当前状态。

(4)事故已经造成或可能造成的伤亡人数(包括下落不明的人数)，以及初步估计的直接经济损失。

(5)已经采取的控制措施。

(6)对事态发展的初步评估(如果有)。

(7)报告人(或单位)姓名(或名称)、联系方式。

(8)其他应报告的情况。

事故发生后，有关单位和人员应妥善保护事故现场和相关证据，任何单位和个人不得破坏事故现场、毁灭证据。因抢救人员、防止事故扩大以及疏通交通等原因，需要移动事故现场物件的，应作出标志，绘制现场简图并作书面记录，妥善保存现场重要痕迹、物证。

事故发生24h内，应形成专门文字报告并上报。事故报告后出现新情况的，应及时补报。自事故发生之日起30日内，事故造成的伤亡人数发生变化的，应及时补报；道路交通事故、火灾事故自发生之日起7日内，事故造成的伤亡人数发生变化的，应及时补报。

二、安全事故的现场调查

(一)事故调查组的组成

《企业职工伤亡事故报告和处理规定》(国务院令第75号)对事故调查组的组成作出了如下规定：

(1)轻伤、重伤事故：由企业负责人或其指定人员组织生产、技术、安全等有关人员以及工会成员参加事故调查组，进行调查。

(2)死亡事故：由企业主管部门会同企业所在地设区的市(或相当于设区的市一级)劳动部门(目前为安全生产综合监督管理部门，以下称“安全生产综合监督管理部门”)、公安部门、工会组成事故调查组，进行调查。

(3)重大死亡事故：按照企业的隶属关系由省、自治区、直辖市企业主管部门或国务院有关主管部门会同同级安全生产综合监督管理部门、公安部门、监察部门、工会组成事故调查组，进行调查。同时规定，“事故调查组应当邀请人民检察院派人员参加，还可邀请其他部门的人员和有关专家参加。”

(二)事故调查组的职责

《企业职工伤亡事故报告和处理规定》(国务院令第75号)规定，事故调查组履行下列职责：

(1)查明事故发生原因、过程和人员伤亡、经济损失情况。

(2)确定事故责任者。

(3)提出事故处理意见和防范措施的建议。

(4)写出事故调查报告。

(三)事故的调查程序

(1)事故的现场处理，认真保护事故现场，凡与事故有关的物体、痕迹、状态，不得破坏；为抢救受伤害者需要移动现场某些物体时，必须作好现场标志。

(2)物证搜集，现场物证包括破损部件、碎片、残留物、致害物的位置等，在现场搜集到的所有物件均应贴上标签，注明地点、时间、管理者。

(3)事故事实材料的搜集，搜集与事故鉴别、记录有关的材料和事故发生的有关事实，主要包括：事故和受害人的基本情况；事故发生前设备、设施等的性能和质量状况；有关设计和工艺方面的技术文件、工作指令和规章制度方面的资料及执行情况；气候、环境情况；防护措施等。

(4)证人材料搜集，向被调查者搜集材料。对证人的口述材料，应认真考证其真实程度。

(5)现场摄影，利用摄影或录像，以提供较完善的信息内容。

(6)事故图绘制，包括了解事故情况所必需的信息，如事故现场示意图、流程图、受害者位置图等。

(7)事故原因分析和事故责任分析。

(8)确定事故原因和事故责任。

(9)提出事故处理意见及防止类似事故再次发生所应采取的措施建议。

(10)写出事故调查报告，报组织事故调查的机关或部门。

(四)事故调查报告的内容

(1)基本情况，包括事故单位的基本情况、事故发生的时间和地点、事故涉及的人员及其他情况等。

(2)事故概况，包括事故发生的顺序、破坏的程度、人员伤亡及经济损失情况、事故的类型和性质、承载物或能量(能量或有害物质)等。

(3)事故发生后采取的措施。

(4)事故原因，包括事故发生的直接原因和间接原因。

(5)事故的性质。

(6)对事故责任单位和责任人的处理建议。

(7)事故的教训和防止类似事故再次发生所应采取的措施建议，包括应当立即采取的措施以及长期的事故预防措施。

(8)事故调查组的成员名单(签字)。

(9)其他需要说明的事项。

三、安全事故原因分析的步骤

在进行事故调查原因分析时，通常按照以下步骤进行分析：

(1)整理和阅读调查材料。

(2)分析伤害方式，通常包括受伤部位、受伤性质、起因物、致害物、伤害方、不安全状态和不安全行为等。

(3)分析确定事故的直接原因。

《企业职工伤亡事故调查分析规则》(GB 6442—1986)规定，事故的直接原因是指机械、物质或环境的不安全状态和人的不安全行为。

机械、物质或环境的不安全状态具体包括：

①防护、保险、信号等装置缺乏或有缺陷。

②设备、设施、工具、附件有缺陷。

③个人防护用品、用具(包括防护服、手套、护目镜及面罩、呼吸器官护具、听力护具、安全帽、安全带、安全鞋等)缺乏或有缺陷。

④生产(施工)场地环境不良，主要包括照明光线不良、通风不良、作业场所狭窄、作业场地混乱、交通线路配置不安全、操作工序设计或配置不安全和地面滑等方面。

人的不安全行为主要包括：

①操作错误，忽视安全，忽视警告。

②造成安全装置失效。

③使用不安全设备。

④手代替工具操作。

⑤物体(指成品、半成品、材料、工具、切屑和生产用品等)存放不当。

⑥冒险进入危险场所。

⑦攀、坐不安全位置(如平台护栏、汽车挡板、吊车吊钩)。

⑧在起吊物下作业、停留。

⑨机器运转时进行加油、修理、检查、调整、焊接、清扫等工作。

⑩有分散注意力的行为。

⑪在必须使用个人防护用品用具的作业或场合中，忽视其使用。

⑫不安全装束。

⑬对易燃、易爆等危险物品处理错误等。

(4)分析确定事故的间接原因。

《企业职工伤亡事故调查分析规则》(GB 6442—1986)规定，属下列情况者为间接原因：

①技术和设计上有缺陷，如工业构件、建筑物、机械设备、仪器仪表、工艺过程、操作方法、维修检验等的设计、施工和材料使用存在问题。

②教育培训不够，或未经培训，缺乏或不懂安全操作技术知识。

③劳动组织不合理。

④对现场工作缺乏检查或指导错误。

⑤没有安全操作规程或不健全。

⑥没有或不认真实施事故防范措施，对事故隐患整改不力。

⑦其他。

在分析事故时，应从直接原因入手，逐步深入到间接原因，从而掌握事故的全部原因，再分清主次，进行责任分析。

四、安全事故的责任

（一）按事故性质进行的分类

1. 责任事故

责任事故，即由人的过失造成的事故。责任人承担责任。

2. 非责任事故

非责任事故，即由人们不能预见或不可抗拒的自然条件变化所造成的事故，或是在技术改造、发明创造、科学实验活动中，由于科学技术条件的限制而发生的无法预料的事故。无人承担责任。

3. 破坏事故

破坏事故，即为达到既定目的而故意制造的事故。确定为破坏事故的，应由公安机关和企业保卫部门追查破案。

（二）由管理者承担管理责任的情况

（1）由于安全生产责任制、安全生产规章和操作规程不健全，职工无章可循，造成伤亡事故的。

（2）未按规定对职工进行安全教育和技术培训，或职工未经考试合格上岗操作造成伤亡事故的。

（3）机械设备超过检修期限或超负荷运行，或因设备有缺陷又不采取措施，造成伤亡事故的。

（4）作业环境不安全，未采取措施，造成伤亡事故的。

（三）由肇事者或有关人员负直接责任或主要责任的情况

（1）违章指挥或违章作业、冒险作业造成事故的。

（2）违反安全生产责任制和操作规程，造成伤亡事故的。

（3）违反劳动纪律、擅自开动机械设备或擅自更改、拆除、毁坏、挪用安全装置和设备，造成事故的。

综合实训

根据案例完成安全事故的分析工作。

某日，某公司项目部职工赵某、薛某和夏某 3 人上班后从事拌料工作。18 时 30 分，拌料完成后，停机清理混凝土搅拌机箱体内的积土。3 人将料土清理完毕后，便加盖搅拌机箱体上端的铁板盖，夏某站在箱体外，赵某和薛某站在箱体内共同推拉铁板。此时，搅拌机操作工孔某为将箱体内清理下来的料土绞出，在未认真观察 3 人所处工作位置的情况下便开启了搅拌机，将站在箱体内的赵某当场绞死，薛某腿部被绞伤。

如果你是安全事故调查组的一员，请你写出本次事故的调查报告，报告中应包括对案例原因进行的分析、确定此安全事故是否属于责任事故、哪些人员应该承担责任、各自承担何种责任。

任务四 安全事故应急管理

教学目标	能力目标	1. 能够编制安全应急救援预案。 2. 能够演练安全应急救援预案。
	素质目标	培养学生利用所学知识解决具体问题的能力。
	知识目标	1. 了解安全应急救援预案的概念及分类。 2. 熟悉安全应急救援预案的内容。 3. 掌握安全应急救援预案的演练。

教学方案：利用案例和示例，结合安全应急救援预案在日常生活及工程中的应用进行讲授，以加深学生的印象，增强教学效果。

案例引入

任务三"案例引入"中介绍的事故大家还印象深刻吧？事故来临后如何才能做到积极救援，临危不乱，将损失降低到最小呢？以及同时保护好现场，等待事故调查组的事故调查呢？那就要作好安全预案，并提前进行演练。

知识介绍

一、安全事故应急救援预案的概念及编制程序

(一)安全事故应急救援预案的概念

应急救援指在发生事故时，采取的消除、减少事故危害和防止事故恶化，最大限度地降低事故损失的措施。应急救援预案是指事先制定的关于生产安全事故发生时进行紧急救援的组织、程序、措施、责任以及协调等方面的方案和计划。

由于工程建设不可能完全杜绝生产安全事故的发生，为了减少安全事故的人员伤亡和财产损失，施工单位应当按照国家有关法律法规的规定，制定本单位生产安全事故应急救援预案。

应急救援组织应配备必要的应急救援器材、设备，并定期组织演练。

(二)应急预案的编制程序

(1)编制依据。

(2)应急预案编制工作组。

(3)资料收集。

(4)危险源与风险分析。

(5)应急能力评估。

(6)应急预案编制。

(7)应急预案评审与发布。

(三)制定应急救援预案的原则

施工单位制定应急救援预案时,应当遵循以下原则:

(1)重点突出,针对性强。应结合本单位安全方面的实际情况,分析可能导致发生事故的原因,有针对性地制定预案。

(2)统一指挥,责任明确。预案实施的负责人以及施工单位各有关部门和人员如何分工、配合、协调,应在应急救援预案中加以明确。

二、应急预案体系的构成

应急预案应形成体系,针对各级各类可能发生的事故和所有危险源制定专项应急预案和现场应急处置方案,并明确事前、事发、事中、事后的各个过程中相关部门和有关人员的职责。应急预案包括综合应急预案、专项应急预案、现场处置方案。生产规模小、危险因素少的生产经营单位,综合应急预案和专项应急预案可以合并编写。

(一)综合应急预案

综合应急预案的主要内容包括总则、生产经营单位的危险性分析、组织机构及职责、预防与预警、应急响应、信息发布、后期处置、保障措施、培训与演练、奖惩、附则。

综合应急安全预案主要由政府相关部门编写。

(二)专项应急预案

专项应急预案的主要内容包括事故类型和危害程度分析、应急处置基本原则、组织机构及职责、预防与预警、信息报告程序、应急处置、应急物资与装备保障。

(三)现场处置方案

现场处置方案的主要内容包括事故特征、应急组织与职责、应急处置、注意事项。

三、事故救援与演练

(一)总包、分包单位的救援责任

实行施工总承包的,由总承包单位统一组织编制建设工程生产安全事故应急救援预案。工程总承包单位和分包单位按照应急救援预案,各自建立应急救援组织或配备应急救援人员,配备救援器材、设备,并定期组织演练。施工单位应建立应急救援组织或配备应急救援人员。对施工规模较大、施工人员多的施工单位,应当建立应急救援组织;对一些施工规模较小、施工人员较少的施工单位,可以配备兼职人员担任应急救援人员,来保证应急救援方案的实施。救援人员应经过培训和必要的演练,使其了解建筑业事故的特点,熟悉本单位安全生产情况,掌握应急救援器材、设备的性能、使用方法以及救援、救护的方法、技能。施工现场应当配备专职或兼职急救员。急救员应经考核合格,取得省建筑工程管理部门颁发的《施工现场急救员岗位证书》。

（二）应急救援器材、设备的配备

施工单位和工程项目部应当根据生产经营活动的性质和规模、工程项目的特点，有针对性地配备应急救援器材、设备，包括灭火器、消防桶等消防器材；担架、急救药品（氧气袋、抢救药品、消毒、解毒药品）等医疗急救器材；固定电话、移动电话、对讲机等通信器材；应急灯、手电筒等照明器材；可以随时调用的汽车、挖掘机、推土机等机械设备等。

（三）应急救援的演练

定期组织演练是指施工单位为了保证发生生产安全事故时能按救援预案有针对性地实施救援而进行的实战演习。

1.演练的目的

一是检验预案的实用性、可用性、可靠性；二是检验救援人员是否明确自己的职责和应急行动程序，以及队伍的协同反应水平和实战能力；三是提高人们避免事故、防止事故、抵抗事故的能力，提高对事故的警惕性；四是取得经验，以改进应急救援预案。

2.演练的方式

根据演练的目的，演练可进行室内演练（组织指挥演练）和现场演练，也可进行单项演练、多项演练和综合演练。应急救援演练应定期举行，其间隔时间根据实际情况而定。

3.演练的注意事项

（1）做好应急救援演练的前期准备工作。要制定演练计划，组织好参加演练的各类人员，备齐应急救援器材、设备。

（2）严格按照应急救援预案实施救援。救援人员要各负其责，相互配合。救助人员要严格执行安全操作规程，正确使用救援设备和器材。

（3）救援人员要注意自我保护。在救助行动前，要设置安全设施，配齐防护用具，加强自我保护，确保抢救过程中的人身安全和财产安全。

（4）及时进行总结。每一次演练后，应核对预案是否被全面执行，如发现不足和缺陷，应及时对事故应急救援预案进行补充、调整和改进，以确保一旦发生事故，能够按照预案的要求，有条不紊地开展事故应急救援工作。

知识延伸

公路工程安全生产应急管理的规定。

一、一般规定

（1）工程项目安全生产应急管理应遵循“以人为本，安全第一，居安思危，预防为主”的原则。

（2）工程参建单位应根据建设工程施工的特点、范围，对施工现场易发生重大生产安全事故的部位、环节进行监控，并制定施工现场生产安全事故应急预案。

（3）实行施工总承包的，由总承包单位统一组织编制建设工程生产安全事故应急预案，工程总承包单位和分包单位应按照应急预案做好应急管理工作。

（4）工程参建单位应建立应急救援组织或配备应急救援人员，明确兼职应急救援队伍人数。原则上，合同价不大于5000万元的，人数不少于15人；5000万元以上的，每增加

3000 万元，人数增加 5 人。应配备必要的应急救援器材、设备，并定期组织演练。

（5）生产安全事故发生后，工程参建单位应按照国务院《生产安全事故报告和调查处理条例》（2007 年国务院令第 493 号）规定，及时、准确地报告安全生产事故内容，保护事故现场，配合事故调查处理工作。

二、应急预案

（一）应急预案分类

公路水运工程项目应急预案一般分为总体预案、专项预案和现场应急处置方案。

总体预案包括项目总体预案和施工合同段总体预案。项目总体预案由建设单位根据项目特点，在对项目进行安全风险评估的基础上制定；施工合同段总体预案由施工单位根据施工合同段工程特点和施工组织设计，在对施工工序进行安全风险评估的基础上制定。项目总体预案由建设单位技术负责人组织编写，报其上级主管单位备案。施工单位合同段总体预案由施工单位技术负责人组织编写，驻地监理工程师审核，总监理工程师审批，报建设单位备案。

专项预案是指按照地方政府、行业主管部门要求和施工专业特点编制的具有针对性的预案，如汛期编制防台风预案、防汛预案，森林地区施工时编制森林防火预案等，一般由施工单位技术负责人组织编写，驻地监理工程师审核，总监理工程师审批。

现场应急处置方案是在对项目主要风险源进行认真详细分析的基础上，针对重大风险源可能引发的生产安全事故，拟定事故处置过程中各级单位和部门详细报告程序、处置流程和应对措施的工作方案。现场应急处置方案由施工单位技术负责人组织编写，驻地监理工程师审核，总监理工程师审批，报建设单位备案。

（二）总体预案的主要内容

1. 项目总体预案

（1）编制依据。

（2）指导思想、实施原则和工作目标。

（3）工程总体概况、危险性较大分部分项工程内容。

（4）危险性较大分部分项工程风险源分析以及相关预防措施。

（5）实施预案的应急组织机构与职责。

（6）预案的启动、实施和演练。

（7）与各施工合同段总体预案、专项预案之间的联动方式。

2. 施工合同段总体预案

（1）编制依据。

（2）指导思想、实施原则和工作目标。

（3）施工合同段工程概况、危险性较大分部分项工程内容。

（4）危险性较大分部分项工程风险源分析以及具体预防措施。

（5）实施预案的应急组织机构与职责。

（6）预案的启动、实施和演练。

（7）与专项预案之间的联动方式。

（三）专项预案的主要内容

（1）编制依据。

（2）指导思想、实施原则和工作目标。

（3）施工合同段工程概况、危险性较大分部分项工程内容。

（4）危险性较大分部分项工程风险源分析以及具体预防措施。

（5）实施预案的应急组织机构与职责。

（6）预案的启动、实施和演练。

（7）与现场处置方案的联动方式。

（四）现场应急处置方案的主要内容

1.现场应急处置方案的基本要求

（1）符合有关法律、法规、规章和标准的规定。

（2）各级别单位和部门责任明确，处置行为界面清晰。

（3）重大风险源分析详细透彻，处置措施科学有效。

（4）各级别单位的处置行为衔接紧密，程序连贯。

（5）需要通过演练不断完善。

2.现场应急处置方案的编制要点

（1）编制依据。

（2）确定可能发生的安全事故类型。

（3）应急救援原则。

（4）引发事故的重大风险源。

（5）事故报告程序和责任人。

（6）事故现场各项有针对性的应急处置措施及落实要求。

（7）各级别单位接到事故报告后的应急启动和主要措施。

（8）所有单位的应急过程所遵循的指挥与配合原则。

三、应急启动、救援与恢复

（一）应急启动主要工作

（1）成立领导小组。

（2）各专业小组（如指挥组、专家组、现场救援组、医疗组、宣传组等）成立并立即运转。

（3）现场指挥到位。

（4）应急资源调配。

（二）应急救援主要工作

（1）人员救助。

（2）工程抢险。

（3）警戒与交通管制。

（4）医疗救护。

（5）人员疏散和环境保护。

（6）现场监测。

(三)应急恢复主要工作

(1)现场清理。

(2)解除警戒。

(3)善后处理。

(4)事故调查。

四、预案演练

预案演练的一般要求如下：

(1)预案演练可采取桌面演练、书面演练和现场演练等形式。

(2)演练前应制定演练方案并向参演人员进行技术交底。

(3)演练后，要真实记录演练情况。针对演练过程中发现的问题进行总结、修改和完善，并再次进行交底。

综合实训

实训一：某特大桥生产安全事故的应急预案。

一、方针与目标

坚持“安全第一，预防为主”“保护人员安全优先，保护环境优先”的方针，贯彻“常备不懈，统一指挥，高效协调，持续改进”的原则。

更好地适应法律和经济活动的要求；给员工的工作和施工场区周围居民提供更好、更安全的环境；保证各种应急资源处于良好的备战状态；指导应急行动按计划有序地进行；防止因应急行动组织不力或现场救援工作的无序和混乱而延误事故的应急救援；有效地避免或降低人员伤亡和财产损失；帮助实现应急行动的快速、有序、高效；充分体现应急救援的“应急精神”。

二、应急策划

(一)工程概况及地质条件

1. 工程概况

某特大桥中心里程为K1＋600，全长1848.8m，交角90°。上部构造为46～40预应力砼组合箱梁，桥台为肋式、钻孔桩基础，桥墩为柱式、钻孔灌注桩。桥面净宽为2×12m，桥跨布置从东向西共分6联，其布置为1联(7×40m预应力组合梁)＋4联(8×40m预应力组合梁)＋1联(7×40m预应力组合梁)，采用D80、D160型系列伸缩缝。肋式桥台2×2个，桥台钻孔桩2×8根，∅150cm，每根桩长28m；桥墩45×4根，每根桩长36～45m不等，立柱45×4根，柱高2～14m不等。本桥所在区域处于沙河冲积平原，桥位处河道基本顺直，宽约1000m，深水区约200m，水深7m左右，河床两侧发育有狭长的河漫滩，外侧为人工构筑的大堤，堤高3～5m，与河道基本平行，晴天车辆可通行。

2.工程地质

该地区地震基本烈度为Ⅵ度。本标段位于平原区，主要为淮河冲积物，沉积厚度较大，分布面积广。岩性主要有灰黄色、土黄色厚层亚砂土、粉细砂、中细砂层，具二元结构，松散，多含分散钙质结核，含砂比一般在40%以上。

3.气　候

工程所在区属大陆性半湿润半干旱季风气候区，四季分明，年平均气温为14.94℃。冬季寒冷多北风，1月气温最低；夏季炎热多南风，7、8月气温最高，平均为27.79℃。多年平均降雨量为701.9mm，雨量集中在6～8月，占全年的50%～60%，夏季多暴雨，春秋两季阴雨绵绵，年平均蒸发量为1967.4mm，全年无霜期为214～236天。

4.水文特征

沙河源于伏牛山东麓，流经至平原区后，由于坡降减缓，河床变浅，汛期容易泛滥成灾。流量随季节而变化，枯水季节为头年12月到来年2月，6～8三个月为丰水季节，占全年径流量的60%。28#墩～33#墩之间河水较深，其余墩台处河水较浅或无水。

(二)桥梁架设方案

特大桥均为40m箱梁，计划采用一台HZQ型架桥机架设(可以纵横向移动，边梁直接就位)。运梁平车将箱梁喂至起吊门架下，架桥机横移到起吊门架上，由架桥机吊梁天车提升箱型梁并横移、前移，当梁体纵向移到位后，再由架桥机连同梁体整体一起沿墩顶横向既有轨道移至所需位置并直接落梁就位，然后予以焊接加固。具体措施如下：

(1)利用沙河特大桥1#墩、2#墩之间的沙河大堤，在大堤上拼装架桥机，利用吊车将架桥机安放到1#墩、2#墩上。

(2)从梁场至1#墩、2#墩左侧修筑运梁路基，降低1#墩、2#墩左侧大堤高度，使运梁纵坡不大于3%；从预制梁场铺设运梁轨道，保证正常运梁至1#墩、2#墩左侧位置。

(3)1#墩、2#墩左侧安装起吊门架，并与1#墩、2#墩上的架桥机横向轨道连接。

(4)轨道运梁车从梁场将箱梁运至起吊门架下，架桥机横向移至起吊门架上吊梁，开始正常架梁。

(三)应急预案工作流程图

根据本工程的特点及施工工艺的实际情况，认真组织对危险源和环境因素的识别和评价，制定本项目发生紧急情况或事故的应急措施，开展应急知识教育和应急演练，提高现场操作人员应急能力，减少突发事件造成的损害和不良环境影响，并制作应急预案工作流程图。

(四)突发事件风险分析和预防

为确保正常施工，预防突发事件以及某些预想不到的、不可抗拒的事件发生，事前有充足的技术措施准备、抢险物资的储备，最大限度地减少人员伤亡、国家财产和经济损失，必须进行风险分析和预防。

1.突发事件、紧急情况及风险分析

根据本工程施工特点及复杂的地质情况，在辨识、分析评价施工中危险因素和风险的基础上，确定本工程重大危险因素是架桥机在架梁中倾覆、掉梁、物体打击、高处坠落、触电、火灾等。

在工地已采取机电管理、安全管理各种防范措施的基础上，还需要制定架桥机倾覆的应急方案。具体如下：假设架梁工程中架桥机可能倾翻，假设架桥机的力矩限位失灵，架桥机司机违章作业，可能造成塔吊倾翻。

2. 突发事件及风险预防措施

从以上风险情况的分析看，如果不采取相应有效的预防措施，对工程施工、施工人员的安全会造成威胁。

（五）法律法规

《特种设备安全监察条例》《关于特大安全事故行政责任追究的规定》第七条、第三十一条，《安全生产法》第三十条、第六十八条，《建筑工程安全管理条例》《安全许可证条例》。

三、应急准备

（一）成立抢险领导小组，明确责任分工

1. 抢险领导小组

公司抢险领导小组的组成如下：

（1）组长：总经理。

（2）副组长：主管施工生产的副总经理、总工程师。

（3）成员：安质部、工程部、工会、公安处、劳资部、社保部、设备物资部、集团中心医院。

（4）职责：研究、审批抢险方案；组织、协调各方抢险救援的人员、物资、交通工具等；保持与上级领导机关的通信联系，及时发布现场信息。

项目部应急预案领导小组包括组长、副组长和组员，下设通信联络组、技术支持组、安全保卫组、抢险抢修组、医疗救护组、后勤保障组。

2. 组长职责

（1）决定是否存在或可能存在重大紧急事故，要求应急服务机构提供帮助并实施场外应急计划。

（2）复查和评估事故（事件）可能发展的方向，确定其可能的发展过程。

（3）指导设施的部分停工，与领导小组成员的关键人员配合指挥现场人员撤离，并确保任何伤害者都能得到足够的重视。

（4）与场外应急机构取得联系及对紧急情况的处理作出安排。

（5）在场（设施）内实行交通管制，协助场外应急机构开展服务工作。

（6）在紧急状态结束后，控制受影响地点的恢复，并组织人员参加事故的分析和处理。

3. 副组长（即现场管理者）职责

（1）评估事故的规模和发展态势，建立应急步骤，确保员工的安全，减少设施和财产损失。

（2）如有必要，在救援服务机构到来之前直接参与救护活动。

（3）安排寻找受伤者及非重要人员撤离到集中地带。

（4）建立与应急中心的通信联络，为应急服务机构提供建议和信息。

4. 通信联络组职责

（1）确保与最高管理者和外部联系畅通、内外信息反馈迅速。

(2)保持通信设施和设备处于良好状态。

(3)负责应急过程的记录与整理及对外联络。

5. 技术支持组职责

(1)提出抢险抢修及避免事故扩大的临时应急方案和措施。

(2)指导抢险抢修组实施应急方案和措施。

(3)修补实施中的应急方案和措施存在的缺陷。

(4)绘制事故现场平面图,标明重点部位,向外部救援机构提供准确的抢险救援信息资料。

6. 安全保卫组职责

(1)设置事故现场警戒线、岗,维持工地内抢险救护的正常运作。

(2)保持抢险救援通道的通畅,引导抢险救援人员及车辆的进入。

(3)抢救救援结束后,封闭事故现场直到收到明确解除指令。

7. 抢险抢修组职责

(1)实施抢险抢修的应急方案和措施,并不断加以改进。

(2)寻找受害者并转移至安全地带。

(3)在事故有可能扩大进行抢险抢修或救援时,高度注意避免意外伤害。

(4)抢险抢修或救援结束后,直接报告最高管理者并对结果进行复查和评估。

8. 医疗救护组职责

(1)在外部救援机构未到达前,对受害者进行必要的抢救(如人工呼吸、包扎止血、防止受伤部位受污染等)。

(2)使重度受害者优先得到外部救援机构的救护。

(3)协助外部救援机构转送受害者至医疗机构,并指定人员护理受害者。

9. 后勤保障组职责

(1)保障系统内各组人员必需的防护、救护用品及生活物质的供给。

(2)提供合格的抢险抢修或救援的物质及设备。

(二)应急资源

应急资源的准备是应急救援工作的重要保障。项目部应根据潜在的事故性质和后果分析,配备应急资源,包括救援机械和设备、交通工具、医疗设备和必备药品、生活保障物资。

(三)组建抢险队,进行应急知识教育培训

项目部组建抢险队,发现危险时首先进行抢险,需用较多人员时可由各工区及时进行汇集,对抢险队和项目部所有人员均进行有针对性的应急知识培训。

(四)进行应急演练,提高应急救援能力

为了在出现险情时迅速处理,不至于手忙脚乱,项目部对预设险情进行实地演练,由综合部负责组织安排,演练时间安排在项目部施工相对空闲的时间,使所有人员均参与其中,并填写应急演练记录表,记录演练内容、人员分工、方案、处理程序等。

(五)互助协议

项目部应先与地方医院、宾馆建立正式的互助协议,以便在事故发生后及时得到外部救援力量和资源的援助。

四、应急响应

施工过程中施工现场或驻地发生无法预料的需要紧急抢救处理的危险时，应迅速逐级上报，次序为现场、办公室、抢险领导小组、上级主管部门。由综合部收集、记录、整理紧急情况信息并向小组及时传递，由小组组长或副组长主持紧急情况处理会议，协调、派遣和统一指挥所有车辆、设备、人员、物资等实施紧急抢救和向上级汇报。事故处理根据事故大小情况来确定。如果事故特别小，根据上级指示可由施工单位自行直接进行处理。如果事故较大或施工单位处理不了，则由施工单位向建设单位主管部门进行请示，请求启动建设单位的救援预案，建设单位的救援预案仍不能进行处理，则由建设单位的质安部向建委或政府部门请示启动上一级救援预案。

(1)值班电话：实行昼夜值班制。

(2)紧急情况发生后，现场要做好警戒和疏散工作，保护现场，及时抢救伤员和财产，并由在现场的项目部最高级别负责人指挥，在3min内通报到值班室，主要说明紧急情况性质、地点、发生时间、有无伤亡、是否需要派救护车或警力支援到现场实施抢救，如需可直接拨打120、110等求救电话。

(3)值班人员在接到紧急情况报告后，必须在2min内将情况报告到紧急情况领导小组组长和副组长。小组组长组织讨论后，在最短的时间内发出如何进行现场处置的指令。分派人员、车辆等到现场进行抢救、警戒、疏散和保护现场等。由综合部在30min内以小组名义向上一级有关部门报告。

(4)遇到紧急情况，全体职工应特事特办、急事急办，主动积极地投身到紧急情况的处理中去。各种设备、车辆、器材、物资等应统一调遣，各类人员必须坚决无条件地服从组长或副组长的命令和安排，不得拖延、推诿、阻碍紧急情况的处理。

五、突发事件应急预案

(一)接警与通知

如桥梁架设作业施工中发生掉梁事故、高空坠落和物体打击时，在现场的项目管理人员要立即向项目经理汇报险情，主要说明紧急情况性质、地点、发生时间、有无伤亡、是否需要派救护车或警力支援到现场实施抢救，如需可直接拨打120、110等求救电话。必要时向上级主管部门汇报事故情况。现场有关人员要做好警戒和疏散工作，保护现场，及时抢救伤员和财产，并由在现场的项目部最高级别负责人负责指挥。

项目经理立即召集抢救、救护、防护组成员携带各自的抢险工具，赶赴出事地点。

(二)指挥与控制

抢救组到达出事地点，在项目经理指挥下分头进行工作。

安全保卫组保持抢险救援通道的通畅，引导抢险救援人员及车辆的进入，设置事故现场警戒线、岗，安排寻找受伤者及安排非重要人员撤离到集中地带，维持工地内抢险救护的正常运作。

首先抢救组和经理一起查明险情，并确定是否还有危险源。如钢筋笼是否有继续倒塌的危险；人员伤亡情况；商定抢救方案后，项目经理向公司主管安全生产的副总经理请示汇报批准，然后组织实施。

防护组负责把出事地点附近的作业人员疏散到安全地带，并进行警戒，不准闲人靠近，对外注意礼貌用语。

工地值班电工负责切断有危险的低压电气线路的电源。如果在夜间，接通必要的照明线路。

抢险组在排除无其他危险源的情况下，立即救护伤员。边联系救护车，边及时进行止血包扎，用担架将伤员抬到车上并送往医院。

事故应急抢险完毕后，封闭事故现场直到收到明确解除指令。项目经理立即召集架桥机组的全体同志进行事故调查，找出事故原因、责任人以及制定防止再次发生类似的整改措施，并对应急预案的有效性进行评审、修订。

技术组进行事故现场评审，分析事故的发展趋势。

组织技术人员制定恢复生产方案，向公司安质部书面汇报事故调查、处理的意见。

（三）通　信

项目部必须将110、120、项目部应急领导小组成员手机号码、企业应急领导组织成员手机号码、当地安全监督部门电话号码，明示于工地显要位置。工地抢险指挥及保安员应熟知这些号码。

（四）警戒与治安

安全保卫组在事故现场周围建立警戒区域，实施交通管制，维护现场治安秩序。

（五）人群疏散与安置

被疏散人员要有秩序地服从指挥人员的疏导要求进行疏散，做到不惊慌失措，勿混乱、拥挤，减少人员伤亡。

（六）媒体机构、信息发布管理

综合管理部为项目部各信息收集和发布的组织机构，对事故的处理、控制、进展、升级等情况进行信息收集，并对事故轻重情况进行删减，有针对性地定期和不定期地向外界和内部如实地报道。内部报道主要是向项目部内部各工区、集团公司的报道，外部报道主要是向总公司、监理、设计等单位的报道。

六、恢复生产及应急抢险总结

抢险救援结束后，由监理单位主持和业主、设计、咨询等相关单位参加的恢复生产会，对生产安全事故发生的原因进行分析，确定下步恢复生产应采取的安全、文明、质量等施工措施和管理措施。

项目部主要从以下几个方面进行恢复生产：

(1)做好事故处理和善后工作，对受害人或受害单位进行领导慰问或团体慰问，对良性事迹加强报道。

(2)严格落实公司 ISO 9002 质量体系程序文件和质量手册，推行全面质量管理，认真学习应急预案，以项目经理为中心，将创优目标层层分解，责任到队，责任到人，从单位工程到分部、分项直至工序。

(3)健全各组织机构,加强人员管理,建立矩阵管理。完善安全、质量保证体系,健全安全、质量管理组织机构,整个项目形成一套严密完整的安全、质量管理体系,各级、各部充分发挥管理的机能、职能和人的作用。

(4)依据安全、质量体系有关文件,制定安全、质量检查计划制度,形成安全、质量管理依据,做到"有法可依",严格实施岗位责任制。

(5)做好技术、实验、测量、机械、施工工艺、后勤等各项保证工作。

(6)确保恢复生产资金投入不受阻。

(7)确保设计、施工方案可行,并符合现场实际情况,可利用现场存有的机械、设备和材料。

(8)及时调用后备人员和机械设备,补充到该工区进行生产恢复,以尽快达到正常生产。

抢险结束和生产恢复后,对应急预案的整个过程进行评审、分析和总结,找出预案中存在的不足,并进行评审及修订,使以后的应急预案更加成熟,遇到紧急情况等能处理及时,将安全、财产损失降到最低限度。

七、预案管理与评审改进

公司和项目部对应急预案每年至少进行一次评审,针对施工的变化及预案演练中暴露的缺陷,不断更新和改进应急预案。

架桥机安全技术要求。

一、作业条件

(1)架桥机组装完毕,须经有关部门安全验收签证合格后,方可投入使用。

(2)操作司机须经安全培训、考核合格,身体健康,并定人定岗。

二、作业前要求

(1)移机、吊梁前,必须对制动器、控制器、吊具、钢丝绳、安全装置和架体的稳定性等进行全面的检查,发现工作性能不正常时应在操作前排除;确认符合安全要求后方可进行操作。

(2)吊梁前,应做好警戒措施,正下方不得有人停留或通过;各工种人员到岗,在专人指挥下操作;清除导梁架、轨道及前进沿途的障碍物;通知其他非作业人员撤退。

三、操作中要求

(1)纵移前,应设法增加后端配重,确保抗倾覆安全系数大于1.5,同时还必须保证前移、纵移的空间。架桥机纵向移动时要做好一切准备工作,要求一次到位,不允许中途停顿。

(2)司机应集中精力操作,密切注视周围情况,不得做与工作无关的事情;与指挥人员事先确定联络信号并严格执行;对紧急停机信号,不论何人发出都应立即执行;司机有权拒绝违章指挥。

(3)有下述情况之一时,司机不应进行操作:

①结构或零件有影响安全工作的缺陷或损伤,如制动器、安全装置失灵,吊具、钢丝绳损坏达到报废标准,架体稳定性不牢固等。

②捆绑、吊挂不牢或不平衡而可能滑动,钢丝绳与吊物棱角之间未加衬垫等。

③工作场地昏暗,无法看清场地、被吊物和指挥信号。

④被吊物上有人。

⑤风力大于六级以上或大雾、雷暴雨等恶劣天气时;六级风以上严禁作业,必须用索具稳固起吊小车和架桥机整机,架桥机停止作业时应切断电源。

(4)各台卷扬机钢丝绳端头固定要牢靠,在卷筒上排列整齐密实,吊钩下降至最低工作位置时,卷筒上的钢丝绳必须保持6圈以上。

(5)在正常运转过程中,不得利用限位开关、紧急开关制动停车。

(6)操纵控制器时用力要均匀,逐级变换挡位;运行中发生机件损坏等故障时,应放下吊物,拉下闸刀开关,及时排除故障,不得在运行中进行维修。

(7)吊运时应进行小高度、短行程试吊,确认安全可靠后再吊运。

(8)大、小车运行操作应尽量减少启(制)动次数。

(9)构件就位时,指挥员应与操作司机配合好,防止碰撞吊物;当下降到位时,注意避免钢丝绳松得太多而发生倾侧事故。

(10)必须待构件锚固可靠后方可拆除吊具。

(11)吊装第二片构件下降就位时,应注意避免碰撞。

(12)运行中,遇到突然停电时,应把所有的控制器手柄拨回零位,拉下闸刀开关。

(13)架桥机作业必须明确分工,统一指挥,设专职操作员、专职电工、专职安全检查员。

(14)安装桥梁有上下坡时,架桥机纵向要有防滑措施。

(15)当液压油温超过70℃时应停机冷却,当气温低于0℃时应考虑更换低温液压油。严格按起吊方案工作,禁止斜吊提升、超负荷运转。

(16)架桥机作业过程中要加强日常检查,对轨道系统、起重系统、电气系统等要严格检查,发现问题要请专业人员进行整改,禁止私自拆卸。

(17)作业结束后,应把所有控制器置于零位,拉下闸刀开关,切断电源,将机架锚定可靠。

现场安全防范措施包括:加强施工管理,严格按标准化、规范化作业,施工中,要经常分析假设出现的各种问题;工地和附近医院建立密切联系,工地设医务室,配齐必要的医疗器械,一旦出现意外的工伤事故,可立即进行抢救;加强施工现场的警戒。

实训二:物体打击现场处置方案。

一、工地潜在事故危险评估

通过对施工全过程危险因素的辨识和评价发现,物体打击事故发生的概率较大,造成人身伤害和财产损失较严重,为项目工程的重大危险因素。

项目部针对以上潜在的事故和紧急情况,编制应急准备及响应预案。当事故或紧急情况发生时,应保证能够迅速作出响应,最大限度地减少可能产生的事故后果。

二、应急行动小组组成及分工

应急行动小组下设通信组、警戒组、疏散组、应急器材供应组、抢险组。

(1)通信组主要任务:发生事故第一时间通知项目应急领导小组,负责召集小组成员、对外联络,及时向主管部门汇报等。

(2)警戒组主要任务:负责保护事故现场、避免闲杂人员围观、监视事故发展情况等。

(3)疏散组主要任务:组织人员撤离,安排疏散路径、方向,引导救护车、消防车等进入现场等。

(4)应急器材供应组主要任务:负责应急器材的发放、管理及维护工作。

(5)抢险组主要任务;指挥人员抢救伤员或物资等,急救员对伤员进行必要处理,电工负责现场照明、安全用电管理。

三、应急小组职责

(1)全体成员牢固树立全心全意为员工服务的思想。

(2)认真学习和熟练执行应急程序。

(3)服从上级指挥调动。

(4)改造和检查应急设备和设施的安全性能及质量。

(5)组织队员搞好模拟演练。

(6)参加本范围的各种抢险救护。

四、应急行动程序通则

(1)应急行动小组成员应牢记分工,按小组行动。

(2)应急行动小组成员在接到报警后,10min 内各就各位。

(3)通信组负责接听事故汇报,并负责通知所有应急小组成员。

(4)根据事故情况上报相应主管部门。

五、物体打击事故应急程序

施工区发生物体打击事故时,最早发现事故的人员迅速向应急行动小组报告;通信组立即召集所有成员赶赴出事地点,了解事故伤害程度;警戒组和疏散组负责组织保卫人员疏散现场闲杂人员,以保护事故现场,同时防止其他人员靠近现场。

急救人员立即通知现场应急小组组长伤员受伤情况,并根据现场实际进行必要的医疗处理，在伤情允许情况下，抢救组负责组织人员搬运受伤人员转移到安全地方；由组长根据汇报，决定是否拨打120医疗急救电话，并说明伤员情况、行车路线；通信组联系值班车到场，随时待命，并安排人员到入场岔口指挥救护车的行车路线。

警戒组应迅速对周围环境进行确认，仍存在危险因素下，立即组织人员防护，并禁止人员进出。

注意：若第一决策人员不在现场时，可由第二决策人代替指挥，若第二决策人也不在，可由第三决策人代替指挥，依次类推。

现场决策人：组长、副组长、各小组组长。

第一支队：通信组、抢救组。

第二支队：警戒组、疏散组，负责现场警戒和人员疏散。

第三支队：应急器材供应组，负责提供担架、急救器具等器材。

六、受伤人员的急救

当施工人员发生物体打击时，急救人员应尽快赶往出事地点，并呼叫周围人员及时通知医疗部门，尽可能不要移动患者，尽量当场施救。如果处在不宜施救的场所，必须将患者搬运到能够安全施救的地方，搬运时应尽量多找一些人来搬运，观察患者呼吸和脸色的变化。如果是脊柱骨折，不要弯曲、扭动患者的颈部和身体，不要接触患者的伤口，要使患者身体放松，尽量将患者放在担架或平板上进行搬运。

七、物体打击事故预防

(1)强化安全教育，提高安全防护意识，提高工人安全操作技能。

(2)正确使用“三宝”。

(3)合理组织交叉作业，采取防护措施。

(4)拆除作业有监护措施、施工方案、交底。

(5)起重吊装作业时，制定专项安全技术措施。

(6)对起重吊装工进行安全交底，落实“十不吊”措施。

(7)安全通道口、安全防护棚搭设双层防护，并符合安全规范要求。

(8)加强安全检查，严禁向下抛掷物体。

(9)材料堆放控制高度，特别是临边作业。

(10)高处作业应进行交底，工具入袋，严禁抛物。

(11)模板作业有专项安全技术措施、交底、检查，严禁大面积撬落。

第三单元　公路工程施工安全控制措施

任务一　道路施工安全控制措施

教学目标	能力目标	1.能够认知公路施工准备期的安全控制措施。 2.能够制定路基施工安全工作要点。 3.能够制定路面施工安全工作要点。
	素质目标	培养学生利用所学知识解决具体问题的能力。
	知识目标	1.熟悉公路施工准备期的安全控制措施。 2.熟悉土方工程安全工作要点。 3.熟悉沥青路面安全工作要点。

教学方案:利用案例,结合安全措施在工程中的具体应用进行讲授,以加深学生的印象,增强教学效果。

案例引入

某日,某高速公路正在施工的某特大桥3号墩附近发生山体滑坡,某工程局三标段施工项目经理部的一栋住房(17间)及房内35人被淹埋。

知识介绍

一、施工现场的要求

(一)施工现场管理要求

(1)施工现场应有利于生产,方便员工生活,符合防洪、防火等安全要求,具备文明生产、施工的条件。

(2)施工现场应设置安全标志,并不得擅自拆除。

(3)施工现场的临时设施,必须避开泥沼、悬崖、陡坡、泥石流、雪崩等危险区域,选在水文、地质良好的地段。

(4)施工单位应当在施工现场出入口或沿线各交叉口、施工起重机械、拌和场、临时用电设施、爆破物及有害危险气体和液体存放处以及孔洞口、隧道口、基坑、沟、水塘边沿、脚手架、码头边沿、桥梁边沿等危险部位,设置明显的安全警示标志或必要的安全防护设施。

(二)施工现场布置要求

(1)施工现场的生活、生产房屋、变电所、发电机房、临时油库等均应设在干燥地基上,并应符合防火、防洪、防风、防爆、防震、防止滑坡的要求。

(2)施工现场要设置足够的消防设备,施工人员应熟悉消防设备的性能和使用方法。

(3)生产、生活房屋应按规定保持必需的安全净距。

(4)易燃、易爆的仓库、发电机房、变电所,应采取必要的安全防护措施,严禁用易燃材料修建。

(5)工地上较高的建(构)筑物、临时设施及重要库房,如炸药房、油库、发(变)电房、塔架、龙门吊架等,均应加设避雷装置。

(6)对环境有污染的设施和材料,应设置在远离人员居住的空旷地点。

二、拆除工程的安全要求

(一)拆除工程的安全技术管理要求

(1)拆除工程开工前,应根据工程实际情况由专业工程技术人员编制安全施工组织设计或方案。经施工单位技术负责人、总监理工程师审核批准后实施。

(2)进入施工现场的人员,必须配戴安全帽。

(3)在恶劣的气候条件影响施工安全时,严禁进行拆除作业。

(4)拆除工程施工现场的安全管理由施工单位负责。施工现场临时用电必须按照有关规定执行。

(5)拆除工程施工过程中,当发生险情或异常情况时,应立即停止施工,查明原因,及时排除险情;发生生产安全事故时,要立即组织抢救,保护事故现场,并向有关部门报告。

(二)拆除建筑物的具体安全要点

(1)拆除作业之前,应制定安全可靠的拆除方案,切断与拆除物有连接的电线、水、气管道。

(2)拆除工序应由上而下、先外后里,严禁数层同时作业。

(3)搭设的脚手架必须稳固可靠,并应在作业前进行检查,以确保安全。

(4)操作人员所用的工具,如大锤等必须符合要求,把手拼接必须紧固,以防脱锤伤人。

(5)严密注意观察拆除过程中结构的变化。对有倒塌危险的结构物应予以可靠的临时支撑加固。严防拆除某部分而引起其他部位发生坍塌。

(6)在拆除作业中应注意劳逸结合,同时应采取防尘、防噪声的有效措施。

(7)清除淤泥时,应有效地排除积水,并应制定出相应的安全措施后方可清淤。

(8)拆除建筑物一般不采用推倒方法。

(9)在高处进行拆除工程,要设置流放槽,以便散碎废料顺槽流下,禁止向下抛掷。

(10)当采用控爆法拆除大型建(构)筑物时,必须有经批准的控制爆破设计文件,并有可靠的安全技术措施计划。

三、土方工程的安全技术措施

(1)土方工程的开挖和填筑必须按照经审批的施工组织设计或专项施工方案组织实施,并采取安全技术措施。

(2)施工前必须清除地上障碍物和勘定地下工程、管线的准确位置,作好标识,并采取有效的保护措施,严禁使用机械对地下管线进行探察。

(3)土方开挖时应做好如下安全措施:

①从上而下开挖。人工挖土时,两人操作间距横向不得小于2m,纵向不得小于3m。禁止采用挖空底脚的方法开挖土方或不良地质岩石。

②明挖放坡宽度必须大于土质自然破裂线宽度。开挖深度1.5m以上且无条件放坡的,必须设置固壁支撑。固壁支撑应经过安全验算并随挖深增加。

③坑、槽、沟边缘1m以内不得堆放弃土、机械或其他杂物,并在距边缘1m处设置截水沟。

④机械开挖应设专人指挥。机械放置平台保持稳定,挖掘前要先发出信号。严禁人员进入机械旋转范围。

⑤多台机械开挖时,挖土间距应在10m以上。多台阶开挖应验算边坡稳定性,确定挖土机离台阶边坡底脚安全距离。

四、土方工程常用机械的安全工作要点

(一)机械作业的总体技术要求

(1)作业前,应查明施工场地地下敷设管道(包括电线、电缆、给水、排水、煤气、通信、供暖等管道)、地下坑道等的地点及走向,并采用明显记号表示。严禁在离电缆1m距离以内作业。

(2)机械不得靠近架空输电线路作业,与架空输电线的安全距离不得小于规定值。

(3)在施工中遇下列情况之一时应立即停工:

①填挖区土体不稳定,有发生坍塌危险时。

②气候突变,发生暴雨、水位暴涨或山洪暴发时。

③在爆破警戒区内发出爆破信号时。

④地面涌水冒泥,出现陷车或因雨发生坡道打滑时。

⑤工作面净空不足以保证安全作业时。

⑥施工标志、防护设施损毁失效时。

⑦配合机械作业的清底、平地、修坡等人员,应在机械回转半径以外工作。当必须在回转半径内工作时,应停止机械回转并制动好后,方可作业。

⑧雨季施工,机械作业完毕后,应停放在较高的坚实地面上。

(二)汽车作业的安全控制要点

(1)运土车辆必须遵守交通法规,不得超载、偏载、超高,不得人货混装,驾驶室内不得

超员。

(2)装、卸土场地都要由专人指挥车辆行走和装卸。

(3)卸土时,严禁在驾驶室外进行翻斗操作,翻斗内严禁站人。

(4)卸料起斗时,应检视上空有无电线,防止挂断。卸土后,要确认货斗复位,起翻装置的发动机关闭后,才开始行走。

特别注意:严禁边倒车边起斗,或在猛进猛退中起斗。

(三)压路机作业的安全控制要点

(1)压路机启动时,要特别注意前后左右的情况,确认没有人员和障碍物。

(2)压路机靠近路堤边缘作业时,应根据路堤高度留有必要的安全距离。碾压傍山道路时,必须由里侧向外侧碾压。

(3)特别注意压路机不能上陡坡,上坡时变速应在制动后进行,下坡时,严禁脱挡滑行。

(4)两台以上压路机同时作业,其前后间距不得小于 3m,在坡道上纵队行驶时,其间距离不得小于 20m。

(5)振动压路机起振和停振必须在压路机行走时进行。

(6)换向离合器、起振离合器和制动器的调整,必须在主离合器脱开后进行,不得在急转弯使用快速挡,严禁在尚未起振情况下调节振动频率。

五、滑坡和泥石流的安全控制要点

(一)滑坡的安全控制要点

1.滑坡的危害

滑坡是山区公路的主要灾害之一。山坡或路基边坡发生滑坡,常使交通中断,影响公路的正常运输。

2.滑坡的安全防治对策

贯彻“以防为主,整治为辅”的原则。

3.大型滑坡的安全防治

防治大型滑坡,技术复杂,工程量大,时间较长,因此,在勘测阶段对于可以绕避且属经济合理的,首先应考虑路线绕避的方案。对于大型复杂的滑坡,常采用多项工程综合治理,并作防治规划。工程安排要有主次缓急,并观察效果和变化,随时修正防治措施,以保证安全。

4.中小型或小型滑坡的安全防治

一般情况下路线可不绕避,但应注意调整路线平面位置,以求得工程量小、施工方便、经济合理、安全可靠。

(二)泥石流的安全控制要点

1.泥石流及其危害

泥石流主要发生在地质不良、地形陡峻的山区及山前区。

泥石流对公路的危害是多方面的,主要通过堵塞、淤埋、冲刷和撞击等方式对路基、桥涵及其附属构造物产生直接危害。同时,也经常由于堆积物压缩和堵塞河道,使水位上升，淹没上游沿河路基，或迫使主河槽的流向发生变化，冲刷对岸路基，造成间接危害。

2.泥石流的安全防治

(1)路线跨越泥石流沟时，首先应考虑从流通区或沟床比较稳定、冲淤变化不大的堆积扇顶部用桥跨越。

(2)当河谷比较开阔、泥石流沟距大河较远时，路线可以考虑走堆积扇的外缘。

(3)对泥石流分布较集中、规模较大、发生频繁、危害严重的地段，应通过经济和技术比较，在有条件的情况下，可以采取跨河绕道走对岸的方案或其他绕避方案。

(4)如泥石流量不大，在全面考虑基础上，路线也可以在堆积扇中部以桥隧或过水路面通过。

(5)通过散流发育并有相当固定沟槽的宽大堆积扇时，宜按天然沟床分散设桥，不宜改沟归并。

(6)在处于活动阶段的泥石流堆积扇上，一般不宜采用路堑。

六、基层施工的安全控制要点

(一)基层拌和站作业安全要点

(1)对机械及配套设施进行安全检查。

(2)应尽量降低皮带运输机的供料高度，以减轻物料冲击，在停机前必须将皮带上的物料卸尽。

(3)在拌和机仓壁振动器作业中，铁芯和衔铁不得碰撞。如发生碰撞，应立即调整振动体的振幅和工作间歇。仓内不出料时，严禁使用振动器。

(4)拌和结束后，在给料斗和储料仓中不得有存料，应及时进行清理。

(5)应经常检查搅拌壁及叶桨的紧固状况。如有松动，立即拧紧；如有损坏，必须及时更换。

(二)稳定拌和机作业安全要点

(1)应根据不同的拌和材料，选用合适的拌和齿。

(2)在拌和过程中，不能急转弯或原地转向，严禁使用倒挡进行拌和作业。遇到底层有障碍物时，应及时提起转子，进行检查处理。

(三)碎石撒布机作业

(1)自卸汽车与撒布机联合作业，应紧密配合，以防碰撞。

(2)作业时无关人员不得进入现场，以防碎石伤人。

(四)洒水车作业

(1)洒水车在上下坡道及弯道运行中，不得高速行驶，并避免紧急制动。

(2)洒水车驾驶室外不得载人。

七、沥青路面施工安全技术要点

(一)沥青作业的防护要求

(1)沥青操作人员均应进行体检，凡患有结膜炎、皮肤病或对沥青过敏反应者，不宜从事沥青作业。

(2)从事沥青作业的人员，皮肤外露部分均需涂抹防护药膏。工地上应配有医务人员。

(3)沥青操作工的工作服及防护用品，应集中存放，严禁穿戴回家和存入集体宿舍。

(4)沥青加热及混合料拌制，宜设在人员较少、场地空旷的地段。

(5)块状沥青搬运一般宜在夜间和阴天进行，尤其应避开炎热季节。搬运时，宜采用小型机械装卸，不宜用手直接装运。用手装运时，必须要有相应的防护，如坎肩、帆布手套、工作服等。

(二)沥青洒布车作业中的安全要点

(1)检查机械、洒布装置及防护、防火设备是否齐全有效。

(2)采用固定式喷灯向沥青箱的火管加热时，应先打开沥青箱上的烟囱口，并在液态沥青淹没火管后，方可点燃喷灯。加热喷灯的火焰过大或扩散蔓延时，应立即关闭喷灯，待多余的燃油烧尽后再行使用。

(3)喷灯使用前除进行检查外，应先封闭吸油管及进料口。手提式喷灯点燃后不得接近易燃品。

(4)满载沥青的洒布车应中速行驶。遇有弯道、下坡时，应提前减速，尽量避免紧急制动。行驶时严禁使用加热系统。

(5)驾驶员与机上操作人员应密切配合，操作人员应配戴齐全防护用品，注意自身安全。作业时，在喷洒沥青方向 10m 以内不得有人停留。

(三)沥青混合料拌和站作业安全要点

(1)沥青混合料拌和站的各种机电(包括使用微电脑控制进料)设备，在运转前均需由机工、电工、电脑操作人员进行仔细检查，确认正常完好后才能合闸运转。

(2)机组投入运转后，各部门、各岗位人员都要随时监视各部位运转情况，不得擅离岗位。

(3)运转中严禁人员靠近各种运转机械。

(4)运转过程中，如发现有异常情况，应报机长，并及时排除故障。停机前应首先停止进料，等拌鼓、烘干筒等各部位卸料完后，才可提前停机。再次启动时，不得带负荷启动。

(5)搅拌机运行中，不得使用工具伸入滚筒内掏挖或清理。需要清理时，必须停机。如需人员进入搅拌鼓内工作时，鼓外要有人监护。

(6)料斗升起时，严禁有人在斗下工作或通过。检查料斗时，应将保险链挂好。

(7)拌和站机械设备需经常检查的部位应设置铁爬梯。采用皮带机上料时，储料仓应加以防护。

(四)沥青混合料摊铺作业安全要点

(1)摊铺机驾驶台及作业现场要视野开阔，清除一切有碍工作的障碍物。作业时无关人员不得在驾驶台上停留。驾驶员不得擅离岗位。

(2)运料车向摊铺机卸料时，应协调动作，同步进行，防止互撞。

(3)换挡必须在摊铺机完全停止后进行，严禁强行挂挡和在坡道上换挡或空挡滑行。

(4)熨平板预热时，应控制热量，防止因局部过热而变形。加热过程中，必须设专人看管。

(5)驾驶应力求平稳，不得急剧转向。弯道作业时，熨平装置的端头与路缘石的间距不得小于 10cm，以免发生碰撞。

(6)用柴油清洗摊铺机时,不得接近明火。

(7)作业中应设立施工标志。

(8)沥青混合料运输车辆状况良好,使用前应对刹车、自卸系统进行检查,车斗密封,后挡板牢靠。

(五)压实施工安全技术要点

(1)严禁在压路机在没有熄火、下无支垫三角木的情况下进行机下检修。

(2)压路机应停放在平坦、坚实,并对交通及施工作业无妨碍的地方。停放在坡道上时,前后轮应置垫三角木。

(3)压路机前后轮的刮板,应保持平整良好。给碾轮刷油或洒水的人员,应与驾驶员密切配合,必须跟在碾轮行走的后方,并要注意压路机的转向。

(4)密切关注压实机具操作和辅助人员的身体状况,避免疲劳和带病作业。沥青混合料高温摊铺碾压应注意防止因工作人员中暑、突发疾病,而导致设备出现意外或人员烫伤。

八、水泥混凝土路面及旧路凿除的安全技术控制要点

(一)水泥混凝土路面施工安全技术要点

(1)装卸钢模板时,必须逐片轻抬轻放,不得随意抛掷。堆砌时,钢模板应摆放规则有序、稳妥。

(2)摊铺操作时,特别多人同时操作时,因工作面小,锄、锹等均为长把工具,必须相互关照,注意安全。

(3)固定模板时,插钉或长圆头钉等不得乱放乱搁,以免伤人。完工后,应收拾干净。

(4)使用振捣器时应注意的要点:

①使用电动振捣器时,操作人员要配戴安全防护用品。配电盘(箱)的接线宜使用电缆线。

②注意保护好电力线,不得割伤防护层,绝缘要良好,而且应经常检查。

(5)如采用木模板,拆模后的模板应堆放整齐,并做到及时取钉、砌放稳妥。

(二)旧路凿除施工安全技术要点

(1)旧路面凿除时,宜有计划地分小段进行,以免妨碍交通,并应设置相关标志。

(2)用镐开挖旧路面时,应并排前进,左右间距应不少于 2m,不得面对面使镐。所用工具应拼接牢靠,严防铁镐脱飞伤人。

(3)采用机械破碎旧路面时,应由专人统一指挥。操作范围内不应有人,铲刀切入深度不宜过深,推进速度应缓慢。此外,还应设置施工标志,注意交通安全。

综合实训

实训一:路基坍塌案例。

工程背景:某高速公路分四个阶段施工,其中软基段长达 14km。该段软基处理方式是清除鱼塘淤泥及田地杂物,回填河砂至地表,再铺设 60cm 厚的沙砾垫层,打塑料板间距为 1.2m,长度为 11m,其上铺两层土工布,土工布之间是 50cm 的砂,第二层土工布上仍是填砂。

事故经过：施工单位自3月底开始施工，到10月底填砂已达到设计标高。路基填筑高度为4m左右，后因邻近的季华路立交桥标高提高，线路纵坡重新调整。12月底，路基填筑高度达到2.32～2.85m。施工单位接到变更设计图纸后继续施工，到某年12月底，路基填筑高度高达5.8m。次年元旦，该段路基产生了滑坍，路基平均下沉2m，工人刘某、黄某正在此段路填筑土，刘某及时跳离逃生，黄某则随路基滑下，后被救起，经医院抢救1h后死亡。

技术方面的事故原因为：

(1)该段路基由于变更设计，路基标高平均提高2.5m左右，使填土高达7m多，但设计单位对此段路基仍按打塑料板加铺土工布的排水固结方法处理，而未增设反压护道，这在设计上是不安全的。

(2)施工单位在施工中，未能严格按照某高速公路技术规范关于软基段路基填筑时，路基竖向沉降每日不能超过1.5cm，坡角水平位移每日不能超过0.5cm的要求，控制填土速率和进行沉降监测。

管理方面的事故原因：

(1)设计单位对设计方案考虑欠周全。

(2)施工方案未经严格审核，更没有按规范编制专项的工程安全施工组织设计。

(3)缺乏专门的管理人员进行现场指挥和监管。

根据以上案例，制定路基施工安全控制方案。

实训二：机械事故案例。

某日，某项目对K174＋200处深沟(沟深45m，需填土方50000m^3)进行路基填方(施工地段距经理部的距离较远)。深沟填土分包给了相关的劳务公司。用推土机开一条便道(180m，27°)，连接沟底和地面，由一台D85推土机用钢丝绳拖一台40装载机、一台凸轮压路机经便道下到沟底。而后的施工方法是由推土机从沟顶向沟下推土，压路机、装载机在沟下作业。项目领导曾口头交代，机械送下去以后，不准再开上来，加油加水、机械故障维修都在沟底进行。机械随大沟的填方移动，直到填平到位，自然升至地面(期间，人员步行上下班)。

事件经过：9月6日现场收工，杨某私自驾驶装载机回驻地(以前曾开回去过，且经常有工人搭乘施工机械的现象，领导作了口头批评)。当爬到距沟底40m(即将到地面)时，装载机失去动力(液压驱动马达供油管路破裂)。开始下滑，当下滑至距沟底28m拐弯处时发生侧翻，杨某被变形的驾驶室与转向盘卡住胸部。当现场步行回驻地的同事发现时，只见杨某的脸已被憋得红紫肿胀。因无立即拯救其出来的办法，只能眼睁睁地看着杨某死去，期间大约经历了5min。

直接原因：

(1)装载机检修保养不及时，性能不符合标准。

(2)装载机驾驶员违反操作规程，驾驶装载机爬陡坡(27°，一般应不超过8°～9°)，正是由于这个原因使装载机负荷过大，液压驱动马达供油管路破裂，导致装载机失去动力而下滑。

间接原因：

(1)没有成文的全面的装载机安全操作规程。

(2)现场的安全预防措施只是口头的,没有形成制度化文件。在此次事故前曾有过将机械设备从沟底开到地面的事件,领导只是作了口头批评,并没有处理和通报,更没有进一步采取监控措施加以限制,说明规章制度不健全、不落实。

(3)现场离驻地较远,没有为作业人员准备必要的交通工具,给作业人员带来不便,经常出现违章搭乘施工机械的现象。

根据以上案例,制定装载机安全作业规程。

实训三:山体滑坡案例。

某日,位于某路南段西侧一山体突然发生大面积滑坡,正在山脚路基上施工的民工和几辆行驶车辆被从山顶滑下来的 26921m^3 岩石埋没。造成死亡 38 人,重伤 16 人,毁房一幢,冲垮路基 110m。

滑坡区地质背景:该路南段地貌为溶丘洼地,滑坡发生在东北向洼地中一个孤立山丘的东南斜坡上。该山丘为一单面山,东南坡呈直线形,坡向 152°,坡角 41°,东北、西南侧为陡壁,北、西两面紧邻贵阳发电厂灰坝,东、南两面地势平坦,山丘至地面相对高差为 55m。

根据以上案例,制定滑坡区挖方施工安全控制方案。

实训四:路面坍塌案例。

某日中午,某区"逢松公路"路段,10 多名工人正在进行沥青面层施工作业,施工使用的压路机由逢春煤矿方向向渝阳煤矿方向运行,站在压路机旁指挥作业的施工人员发现路面出现了裂缝,一边撤退,一边高声呼喊,驾驶员逃生不及,随同压路机一道坠入 50m 深的山沟里,当即死亡。探究事故发生原因,是由于连日的暴雨袭击,致使公路出现塌方。

根据以上案例,制定压路机安全作业规程。

任务二　桥梁施工安全控制措施

教学目标	能力目标	1. 能够在保证安全的情况下进行桥梁基础施工。 2. 能够在保证安全的情况下进行桥梁墩台施工。 3. 能够安全地进行安装桥梁的施工。 4. 能够安全地进行现浇桥梁的施工。
	素质目标	培养学生利用所学知识解决具体问题的能力。
	知识目标	1. 熟悉桥梁基础施工安全控制要点。 2. 掌握滑模施工安全控制要点。 3. 熟悉预制、安装作业及架桥机安全控制要点。 4. 熟悉预应力张拉及桥梁无支架拱桥施工安全控制要点。 5. 熟悉悬臂拼装、斜拉桥、悬索桥施工安全控制要点。

教学方案:利用案例,结合安全事故处理在工程中的具体应用进行讲授,以加深学生的印象,增强教学效果。

案例引入

案例一：某高速公路施工现场桩井毒气致 4 人死亡重大死亡事故。

某日 6 时 30 分，某集团某工程有限公司某高速公路第七合同段经理部所属钢筋班的 4 名工人先后到达施工现场进行焊接钢筋作业，有工人跌落桩孔内，另几名工人进入桩孔内施救，由于桩井内积存大量有毒气体，导致 4 人死亡。根据法医尸检结果和事故调查组的分析推断，事故原因是桩井内积存大量有毒气体。

案例二：桩基础工程扩孔施工时孔内约 16m 深处发生流沙层坍塌。

某日 17 时 50 分，某置业有限公司开发建设的某市美好家园美城 2# 楼桩基础工程，业主非法将桩基础工程分包给一无资质打井队施工（未在市建委办理任何手续），扩孔施工时，17# 灌注桩（孔深 19.3m）孔内约 16m 深处发生流沙层坍塌，将正在进行扩孔作业的民工刘某埋入流沙中。另两名民工韩某、渠某下孔抢救，又连续发生坍塌被埋入土中。最终，三人均死亡。

知识介绍

一、桥涵施工的一般安全要求

(1)桥涵工程施工前，应详细核对技术设计、图纸、文件。

(2)高桥、大跨、深水、结构复杂的大型桥梁施工，应对施工安全技术措施作专题调查研究，采取切实可靠的先进技术、设备和防护措施。

(3)桥涵工程施工的辅助结构、临时工程及大型设施等，均应按有关规定作好安全防护措施。

(4)开工前应向施工人员进行安全技术交底。

(5)特殊结构的桥涵，采用新技术、新工艺、新材料、新设备时，必须制定相应的有针对性的安全技术措施，通过实验和检验，证明可行后方可实施。

(6)桥涵工程施工，应尽量避免双层或多层同时作业。

(7)遇有六级（含六级）以上大风等恶劣天气时，应停止高处露天作业、缆索吊装及大型构件起重吊装等作业。

(8)做好防台风准备工作，大跨径桥梁上部构造合拢段工期安排宜避开台风季节。在台风来临时应停止一切施工作业。

二、桥梁基础施工安全控制要点

(一)钻孔灌柱桩基础施工安全控制要点

(1)钻机就位后，对钻机及其配套设备，应进行全面检查。

(2)各类钻机在作业中，应由本机或机管负责人指定的操作人员操作，其他人不得登机。

(3)每次拆换钻杆或钻头时，要迅速准确，并保证连接牢靠。

(4)采用冲击钻孔时，应随时检查选用的钻锥、卷扬机和钢丝绳的损伤情况，当断丝已超过5%时，必须立即更换。卷扬机套筒上的钢丝绳应排列整齐。

(5)使用正、反循环及潜水钻机钻孔时，对电缆线要严格检查。钻孔过程中，必须设有专人，按规定指标，保持孔内水位的高度及泥浆的稠度，以防坍孔。

(6)钻机停钻，必须将钻头提出孔外，置于钻架上，严禁将钻头停留孔内过久。

(7)采用冲抓或冲击钻孔，应防止碰撞护筒、孔壁和钩挂护筒底缘。提升时，应缓慢平稳。钻头提升高度应分阶段(按进尺深度)，严格控制。

(8)在高压电线下钻孔施工和下沉钢筋笼应采取相关安全措施，钻机塔顶和吊钢筋笼的吊机桅杆顶上方2m内不准有任何架空障碍物。

(二)基础工程施工安全控制要点(明挖基础与基坑开挖)

(1)基坑开挖的方法、顺序以及支撑结构的安设，均应按照施工组织设计中的规定进行；开挖较大较深和地质水文复杂的基坑，必须制定详细的施工方案和安全措施方案，加强基坑工程施工安全监测与信息化施工。

(2)开挖基坑时，要指派专人检查邻近建(构)筑物或临时设施的安全，并留有检查记录。如有影响或不安全，应在采取安全防护措施后，才能开挖。

(3)基坑深度超过1.5m时，为方便上下，必须挖设专用坡道或铺设跳板，其宽度应超过60cm，深狭沟槽应设靠梯或软梯，禁止脚踏固壁支撑上下。

(4)开挖基坑时，要根据土壤、水文等情况，按规定的边坡坡度分层下挖，严禁局部深挖，掏洞开挖。基坑深度超过1.5m且不加支撑时，应按要求进行放坡。

(5)如施工地区狭小或受其他条件限制，不能按基坑坑壁坡度的标准放坡时，应采取固壁支撑措施，支撑方法应根据土质和施工具体情况事先作好施工设计。

(6)基坑、井坑开挖过程中，必须随时检查坑壁边坡有无裂缝和坍塌现象(特别是雨后和解冻时期)。如果发现边坡有裂缝、疏松或支撑有折断、走动等危险先兆，应立即采取措施。在雨季、地下水及流沙地区挖土时，必须视具体情况增加坡度或加固支撑。

(7)要注意基坑边缘停放机械、堆土、堆料的有关规定。

(8)基坑边缘有表面水时，应采取截流措施，开挖排水沟或排水槽，不得使水流沿基坑边缘留下。

(9)在有大量地下水流的情况下进行挖基时，应配足抽水机具，施工人员应穿胶鞋，并设置出入基坑的安全通道，以防意外。

(10)采取挖土机械开挖基坑时，坑内不得有人作业。必须留人在坑内操作时，挖土机械应暂停作业。挖掘机等机械在坑顶进行挖基出土作业时，机身距坑边的安全距离应视基坑深度、坡度、土质情况而定，一般应不小于1m。

(三)挖孔桩基础施工安全控制要点

(1)挖孔灌注桩，应在无水或少水的密实土层或岩层中，按设计挖筑。挖孔较深或有渗水时，必须采取孔壁支护及排水、降水等措施，严防坍孔。

(2)人工挖孔，对孔壁的稳定及吊具设备等，应经常检查。孔顶出土机具应由专人管理，并设置高出地面的围挡。孔口不得堆积土渣及工具。作业人员的出入，应设常备的梯子。夜间作业应悬挂示警红灯。挖孔作业暂停时，孔口应设置罩盖及标志。

(3)所用电器设备,必须装设漏电保护装置,孔内照明应使用36V电压的灯具;起吊设备必须有限位器、防脱钩器等装置。

(4)孔内挖土人员的头顶部位应设置护盖。取土吊斗升降时,挖土人员应在护盖下面工作;相邻两孔中,一孔进行浇注混凝土作业时,另一孔的挖孔人员应停止作业,撤出井孔。

(5)人工挖孔,除应经常检查孔内的气体情况,还要遵守下列规定:

①挖孔人员下孔作业前,应先用鼓风机将孔内空气排出更换。

②二氧化碳气体含量超过0.3%时,应采取通风措施。对含量虽不超过规定,但作业人员有呼吸不适感觉时,亦应采取通风或换班作业等措施。

③空气污染超过三级标准浓度值时,如没有安全可靠的措施,不得采取人工挖孔作业。

(6)人工挖孔超过10m深,应采用机械通风,并必须有足够保证安全的支护设施及常备的安全梯道。人工挖孔最深不得超过15m。

(7)挖孔桩需要嵌岩或孔内有岩层需要爆破时,应采取浅眼爆破法,严格控制炸药用量,并按爆破安全规程的规定,一丝不苟地组织好爆破作业。

(8)人工挖桩孔采用混凝土护壁时,每挖深1m(土质不好还应适当减少),应立即浇注护壁,护壁厚度不小于10cm。

(9)人工挖孔采用混凝土护壁时,应对护壁进行验收,第一圈护壁要做成沿口圈,沿口宽度要大于护壁外径300mm,口沿处要高出地面100mm以上,孔内护壁应满足强度要求,孔底末端护壁应有可靠防滑壁措施。

(10)在较好土层,人工挖扩桩孔不采用混凝土护壁时,必须使用工具式的安全防护笼进行施工,防护笼每节长度不超过2m。防护笼总长度要达到扩孔交界处,孔口必须做沿口混凝土护圈。

(11)挖出的土方应随出随运,暂时不能运走的,应堆放在孔口边1m以外处,且堆土高度不得超过1m。

(12)凡孔内有人作业时,3m以内不得有机动车辆行驶或停放。

(13)孔内人员作业时,孔上必须有监护人员,并要随时与孔下人员保持联系,不得擅自撤离岗位。孔上监护工作人员应随时注意孔壁变化及孔底施工情况,发现异常时,应立即协助孔内人员撤离,并向有关人员汇报发现的真实情况。

(四)滑模施工安全控制要点

(1)高桥墩(台)、塔墩、索塔等高层结构,采用滑升模板施工时,应按照高处作业的安全规定,加设安全防护设施,穿戴好个人防护用品,并根据工程特点,编制单项施工方案及其安全技术措施,向参加滑模施工人员进行安全技术交底。

(2)采用滑板施工,滑模及提升结构应按设计制作和施工,并严格按照施工设计安装。作业前,要对滑升模板进行验算和实验,其应有足够的安全系数。顶杆和提升设备应符合墩身的形状和要求。

(3)当塔墩等高层建筑采用爬模施工方法时,应进行特殊设计,在工厂制作。爬升架体系、操作平台、脚手架等,要保证具有足够的刚度和安全度。

(4)操作平台上的施工荷载,应均匀对称,不得超负荷。

(5)浇筑混凝土,不得用大罐漏斗直接灌入,防止冲击模板。

(6)模板每次提升前,应进行检查,排除故障,观察偏斜数值。提升时,千斤顶应同步作业。

(7)操作平台的水平度、倾斜度应经常检查,发现问题应及时采取措施。

(8)主要机具、电器、运输设备等,应定机定人,严格执行交接班制度。

(9)为防止模板发生倾斜、扭转,滑模施工宜采用油压千斤顶,并保持同步提升。

(10)支座安装,应按设计施工。采用盆式橡胶支座,可在场地装配后,整体或部分吊装就位。

(11)拆除滑模设备时,应做好安全防护措施。拆除时可视吊装设备能力,分组拆除或吊至地面上解体,以减少高处作业量和杆件变形。

三、预制构件安装作业及架桥机安全控制要点

(一)预制构件安装作业安全控制要点

(1)预制场地的布置要合理,预制梁的堆放要规范、稳固。

(2)装配式构件(梁、板)的安装,应制定安装方案,并建立统一的指挥系统。

(3)根据吊装构件的大小、重量,选择适宜的吊装方法和机具,不准超负荷吊装。

(4)吊钩的中心线,必须通过吊体的重心,严禁倾斜吊卸构件。

(5)起吊时,离开作业地面 0.1m 后,暂停起吊,经检查确认安全可靠后,方可继续起吊。

(二)架桥机安全控制要点

(1)架桥机组拼、悬臂牵引中的平衡稳定及机具配备等,均应按设计要求进行。

(2)架桥机就位后,为保持前后支点的稳定,应用方木支垫。前后支点处,还应用缆风绳封固于墩顶两侧。

(3)构件在架桥上纵、横向移动时,应平缓进行,卷扬机操作人员应按指挥信号协同动作。

(4)全幅宽架桥机吊装的边梁就位前,墩顶作业人员应暂时避开。

(5)横移不能一次到位的构件,操作人员应将滑道板、落梁架等准备好,待构件落入后,再进入作业点进行构件顶推(或牵引)横移等工作。

四、预应力张拉及桥梁无支架拱桥施工安全控制要点

(一)预应力张拉安全控制要点

(1)张拉作业区内,无关人员不得进入。

(2)检查张拉设备、工具(如千斤顶、油泵、压力表、油管、顶楔器及液控顶压阀等)是否符合施工及安全的要求。压力表应按规定周期进行检定。

(3)锚环及锚塞使用前应经检验,合格后方可使用。

(4)高压泵与千斤顶之间的连接点及各接口必须完好无损。油泵操作人员要戴防护眼镜。

(5)油泵开动时，进、回油速度与压力表指针升降，应平稳、均匀一致。安全阀要保持灵敏可靠。

(6)张拉前，操作人员要确定联络信号。张拉两端距离较远时，宜采用对讲机等通信设备。

(二)桥梁无支架拱桥施工安全控制要点

(1)大中跨径拱桥施工，应验算拱圈的横向稳定性。分段吊装的单肋合龙后用缆风绳稳固，第二肋安装后进行临时横向连接。

(2)双曲拱、箱形拱纵横向悬砌拱桥施工时，在墩、台顶设置的扣架底部固定应牢靠，架顶应设缆风绳；缆风绳设置必须对称，缆风地锚环应埋设坚固。

(3)河流中设置缆风绳时，必须采取可靠的防护措施。

五、悬臂拼装、斜拉桥、悬索桥施工安全控制要点

(一)悬臂拼装施工安全控制要点

(1)预制构件，采用悬臂拼装法施工时，因属高处作业，应针对工程的具体情况，制定和实施相应的安全施工组织设计，其中必须包括安全防护设施标准要求和具体的安全技术措施。

(2)龙门架或起重吊机进行悬臂拼装时，应遵照有关安全规定。

(二)斜拉桥、悬索桥施工安全控制要点

(1)斜拉桥和悬索桥(吊桥)的索塔施工，属于高处或超高处作业，应根据结构、高度及施工工艺的不同情况，制定相应的专门的安全施工组织设计、安全作业指导书(操作细则)。

(2)索塔分节立模浇筑前，应搭好脚手架、扶梯、人行道及护栏。浇筑塔身混凝土，应按规定挂好减速漏斗及保险绳，漏斗上口应堵严，以防石子下落伤人。

(3)塔底与桥墩为铰接时，施工中必须将塔底临时固定。斜缆索全部安装并张拉完成后，方可撤除风缆并恢复铰接。

(4)施工期间，应与当地气象站建立联系，密切注意天气变化，大风、雷雨时，应立即停止施工。

(5)随着索塔升高，防雷电设施必须相应跟上，避雷系统未完善前，不得开工。

(6)缆索的制作与安装作业，应该做到：

①缆索施工时，不得撞伤锚头。

②缆索的防护层，不得有折损或磨伤。

③悬索桥的主索及斜拉桥的斜缆索，应进行破断实验。其破断力应满足设计要求。

④主索及斜缆索顶张拉时，应选择适当场地，埋设足够强度的地锚。对张拉设备，应严格检查，以确保安全。

(7)悬索桥施工中，临时架设的工作索、牵引索安装完毕后，应对索具、吊具等进行全面、仔细检查。

(8)悬索桥采取重力式锚碇时，对锚碇体的施工，应按照有关安全规定浇筑混凝土或砌体工程。锚碇体必须达到坚实牢固。

综合实训

根据以下案例完成实训课题。

某市某桥梁工程单位在施工过程中，由于起吊物件撞倒支撑挂篮后侧锚固的千斤顶，导致挂篮整体翻坠，造成 4 人死亡。

情境再现：某年 7 月 15 日 9 时，某桥梁工程进行挂篮施工的准备工作，浮箱上的起吊机正在往 0# 块桥面上吊运万能杆件(吊物重 1.5t，长 2m)。当吊物上升到挂篮左侧上方时，站在 0# 块上的指挥人员指示吊车主臂向右旋转，以使吊物绕过挂篮落位于桥面上。在吊臂旋转的过程中，吊物的一端突然碰撞到支撑锚固蹬筋的千斤顶，并把千斤顶打倒，致使挂篮的两组后锚从横梁两端滑脱，挂篮失稳，整体从 20m 的高处坠落，正在挂篮上进行作业的 7 人随同挂篮一同坠入江中，3 人获救，4 人溺水死亡。

技术方面原因：

(1)在建设单位对工期一再要求提前的情况下，施工单位组织挂篮施工大会战。为了赶进度，在没有制定挂篮施工工艺方案的情况下，仓促进行挂篮施工。作业现场多项工作齐头并进，管理十分混乱。该施工单位在安全与进度发生矛盾时，无奈地选择了“进度第一”，严重忽视了安全生产工作。

(2)按照挂篮施工设计要求，对挂篮的四个锚固点均应进行锚固，但为了省事，该挂篮只锚固了两个点。对此，工程负责人及现场技术人员视而不见，不检查，不纠正，造成挂篮整体稳定性差，埋下事故隐患。

(3)吊车驾驶员在起吊作业过程中，看不见指挥人员的手势和信号(指挥吊车者无手旗和哨子)。当吊物偏移视线完全被挂篮挡住时，驾驶员仅凭感觉操纵旋转吊车主臂，根本看不见吊物所在的高度和位置，盲目操作，导致事故发生。

管理方面原因：

(1)该工地管理混乱，既未编制挂篮施工方案，也未进行安全技术交底。

(2)《中华人民共和国安全生产法》要求，在进行吊装等有较大危险作业时，必须由专人进行指挥，但该工地指挥吊车人员没有明显的指挥信号，当吊物进入吊车司机看不见的盲区时，依然指挥主臂旋转，严重违反了吊车“十不准吊”原则。

根据以上案例，编写悬臂浇注箱梁安全控制要点。

任务三　隧道施工安全控制措施

教学目标	能力目标	1. 能够认知隧道工程安全控制措施。 2. 能够认知隧道施工安全控制重点。
	素质目标	培养学生利用所学知识解决具体问题的能力。
	知识目标	1. 熟悉隧道工程安全控制措施。 2. 熟悉隧道施工安全控制重点。

教学方案：利用案例，结合安全事故处理在工程中的具体应用进行讲授，以加深学生的印象，增强教学效果。

案例引入

某日14时40分，某公路建设工程项目某合同段某隧道工程右线隧道发生特别重大瓦斯爆炸事故，造成44人死亡、11人受伤，直接经济损失2035万元。

隧道工程地质情况：隧道穿越地层为三叠系底层，穿越层位共16层，其中9层有不同程度炭质泥岩及薄煤层（厚度一般为0.1～0.3m），岩性主要为炭质泥岩、砂岩、泥岩砂岩互层、煤岩。此外，在砂岩段中零星分布冲刷煤屑或包体，有瓦斯设防段、涌水段和岩爆段，Ⅲ、Ⅳ、Ⅴ级围岩大致各占1/3。发生瓦斯爆炸地段的掌子面位于龚家背斜组成的复式褶皱中，为挤压强烈、地应力相对集中地段。该地带节理裂隙发育、岩层十分破碎，构成瓦斯并存的空间。地质详勘报告指出，此段隧道穿越一组背斜，在其褶曲轴部地带的炭质泥岩及薄煤层中并存有瓦斯等有害气体，有瓦斯聚集涌出的可能，施工中应按防瓦斯安全规程进行重点设防，加强通风及瓦斯的监测工作。

事故经过：某日，白班先后有43人进入右洞。其中，在掌子面附近喷射混凝土作业5人，打锚杆前准备作业8人，架设拱架作业4人，二次衬砌浇注混凝土作业11人，在2号横洞出渣作业1人，接风管作业1人，瓦斯检查员2人，运输工6人，技术员和管理人员5人。这些人中，有9人于14时30分先后出洞。

当班因接风筒于10时起停风1小时，11时接好风筒，恢复供风，当时风筒出风口距掌子面约30m，送风距离超过1400m。

14时40分，洞外人员突然听到从右洞传来巨大爆炸声，同时看到洞口一片昏暗，爆炸冲击波将停放在距右洞口20m、重达70吨的模板台车冲出40多米，洞口通风机错位、配电柜损坏，大幅宣传牌被掀飞，在洞外组装模板台车人员、门岗等人伤亡。

此次事故共造成44人死亡（其中洞内死亡34人、洞外死亡10人）、11人受伤，大量施工设备被损坏。

事故原因分析：由于掌子面处塌方，瓦斯异常涌出，致使模板台车附近瓦斯浓度达到爆炸界限，模板台车配电箱附近悬挂的三芯插头短路产生火花引起瓦斯爆炸。

知识介绍

一、隧道工程安全控制措施

（一）隧道工程施工一般安全措施

（1）正确选用施工方法，做好准备工作。

（2）遵守法律法规、国家和交通部标准及管理办法。

（3）建立并遵守岗位责任制。

（4）加强施工技术管理，合理安排工序进度，正确处理进度与安全的关系，注意关键工序安排，遵守弱爆破、短开挖、强支护、早衬砌、先护顶等小循环的施工原则。

(5)加强通风、照明、防尘、降温和治理有害气体工作,注意环境卫生,保护员工身心健康。

(6)经常进行安全技术教育,严格安全技术管理,加强安全技术交底工作。

(7)依靠科技进步,科技兴安,提高安全生产技术和安全生产管理水平。

(8)定期检查各种机械、电力设施、安全防护装置与用品。

(9)所有进入隧道工地的人员,必须按规定佩带安全防护用品,遵章守纪,听从指挥。

(10)必须执行日常和定期安全检查制度,提高安全管理水平。

(11)特殊工种,必须经专业培训,考试合格,持证上岗。

(12)建立完善的交接班制度。

(13)加强对围岩及支护的检查和监测。

(二)岩石隧道工程施工安全控制要点

(1)开挖、凿孔、爆破及洞内运输中的安全。

(2)支护、衬砌的安全 。

(3)竖井与斜井施工安全。

(4)隧道作业中通风防尘、照明、排水及防火。

(5)隧道通过突水、突泥、岩溶地段的施工安全措施。

(6)隧道通过顺层、滑坡地段的施工安全措施。

(7)隧道通过煤层、瓦斯、采空区的施工安全措施。

(8)辐射隧道的防护措施。

(9)隧道施工安全监测与信息化施工。

二、隧道施工安全控制重点

(一)安全距离

进行爆破时,所有人员应撤离现场,其安全距离为:

(1)独头巷道不少于 200m。

(2)相邻的上下坑道内不少于 100m。

(3)相邻的平行道、横通道及洞间不少于 50m。

(4)单线上半断面不少于 300m,单线全断面与双线上半断面不少于 400m。

(5)双线全断面开挖进行深孔爆破(孔深 3～5m)时,不少于 500m。

(二)爆破器材的管理

(1)必须实施实销实报。

(2)爆破器材应由专人领取,建立并严格执行爆破器材领用、退库制度,各种手续都要严格记录,剩余的爆破材料必须当日退库,严禁私自收藏,乱丢乱放。

(3)不得用爆炸物品炸鱼、炸兽。

(4)严禁由一人同时搬运炸药与雷管。电雷管严禁与带电物品一起携带运送。

(5)发现爆破器材丢失、被盗要立即报告,等待处理。

(三)点炮的规定

(1)火花起爆时,严禁明火点炮,其导火索的长度应保证点完导火索后,人员能撤至安全地点，但不得短于1.2m。

(2)一个爆破工一次点燃的根数不宜超过5根。如一人点炮超过5根或多人点炮时，应先点燃计时导火线，计时导火索的长度不得超过该次被点导火索中最短导火索的1/3。

(3)当计时导火索燃烧完毕，无论导火索点完与否，所有爆破人员必须撤离工作面。

(四)煤系地层中修建隧道存在的三项技术困难

(1)煤系地层多数含有瓦斯，有瓦斯爆炸危险。

(2)瓦斯压力高的地层，存在着煤与瓦斯突出的可能，在地应力和瓦斯的共同作用下，破碎的煤和瓦斯突然喷出，造成灾害。

(3)煤系地层一般为软弱围岩，尤其是煤层中的软弱层，用手可捻成粉碎状。巷道地层压力大，稳定性差，支护施工要求高。因此，施工中需解决三个问题：瓦斯隧道的防爆、瓦斯隧道的防突、瓦斯隧道的开挖及支护。

(五)瓦斯隧道的界定及瓦斯防治

隧道施工过程中，通过施工检测，只要隧道中存在瓦斯，通过瓦斯层之前10m开始一直到通过瓦斯层之后10m的影响范围内，按照瓦斯隧道进行施工。

(1)隧道施工发现瓦斯时，应加强通风，采取防范措施。

(2)瓦斯防治主要是消除瓦斯超限和积存，断绝一切可能引燃瓦斯爆作的火源。

(3)掘进工作面风流中的瓦斯浓度达到1%时，必须停止电钻打眼。

(4)因超过瓦斯浓度规定而切断电源的电气设备，必须在瓦斯浓度降低到1%以下时方可开动。

(5)瓦斯隧道中的机具，如电瓶车、通风机、电话机、放炮器等，必须采用防爆型。

(6)有瓦斯的隧道，每个洞必须设专职瓦斯检查员。一般情况下每小时检查一次，将结果记入记录簿。检测瓦斯的检定器应每季度校对一次。

(7)通风必须采用吹入式。

(8)隧道施工时必须配备必要的急救和抢救的设备和人员。施工人员必须具有防止瓦斯爆炸方面的安全知识。

(六)开挖及支护

瓦斯隧道的开挖以有利于通风、有利于防治瓦斯为前提，除考虑施工进度、岩层条件、施工机械、掘进断面因素，还需考虑爆破作业对围岩的影响及爆破效果等因素。

(七)施工通风

瓦斯隧道的防爆工作极为重要，而防爆的关键，除了诸如火源不得进洞、采用防爆机械等措施，主要还是依靠施工通风。

通风有两个目的：一是冲淡和稀释瓦斯；二是防止瓦斯在角隅和洞顶滞留。前者主要与风量有关，而后者则与风速有关。

(八)施工机械及电气设备

为解决防爆问题，采用以电力为动力的有轨运输及与其配套的施工机械；进入隧道的施工机械及电气设备应具有防爆或隔爆性能，机具外表应有明显的隔爆检验认可标记。对于普通常用的非隔爆机电设备，则一律严格禁止在瓦斯隧道内安装使用。

(九)长大隧道施工工程地质预测预报技术

(1)地质复杂的山区隧道:工程地质、水文地质情况复杂,对隧道施工的质量和安全关系重大。

(2)不良地质条件极容易引起隧道坍方、突泥涌水,不仅在技术上给隧道施工带来极大的困难,而且还常常因突发事故导致人身伤亡、设备损失、工期延误,从而造成巨大的经济损失。

(3)对长大隧道施工,必须采用各种技术、手段和方法进行隧道施工的工程地质预测预报技术,做好"预控",避免灾害的发生或在一定程度上减少因灾害造成的损失,确保施工安全。

综合实训

实训:某铁路某隧道口特大坍塌事故。

某日,由某集团负责施工的某铁路某隧道洞口,由于违规爆破作业以及勘察、防护等方面存在缺陷,发生岩石垮塌事故,造成35人死亡。

根据以上案例,编写隧道洞口施工的安全技术控制措施。

第四单元　公路施工环境保护管理

任务一　交通建设对环境的影响

教学目标	能力目标	1. 能够认知生态平衡和交通建设对生态平衡的影响。 2. 能够认知水土流失、噪声、污水、固体废弃物的危害及治理。
	素质目标	培养学生利用所学知识解决具体问题的能力。
	知识目标	1. 熟悉生态平衡和交通建设对生态平衡的影响。 2. 熟悉水土流失、噪声、污水、固体废弃物的危害及治理。

教学方案：利用案例，结合环保相关知识在日常生活、公路工程施工中的应用进行讲授，以课堂讨论加深学生的印象，增强教学效果

课题引入

1992 年 6 月，巴西里约热内卢召开联合国环境与发展大会，提出“可持续发展”的概念，成为全球环境保护的战略目标。1989 年，《中华人民共和国环境保护法》颁布，标志我国环保工作步入法制轨道。此法是我国的环境保护基本法，占有核心地位，同时确定了五个基本原则：(1)经济建设与环境保护协调发展的原则。(2)预防为主、防治结合的原则。(3)污染者付费、利用者补偿、开发者保护、破坏者补偿的原则。(4)政府对环境质量负责的原则。(5)依靠群众保护环境的原则。

知识介绍

一、生态系统与生态平衡

(一)生态系统

生态系统是生物群落和复杂的环境条件相结合所构成的自然基本单位。

生态系统由两大部分、四个基本成分组成。两大部分就是生物和非生物环境，或称为

“生命系统”和“环境系统”。四个基本成分是指生产者、消费者、还原者和非生物环境。

（二）生态平衡

如果某生态系统各组成成分在较长时间内保持相对协调，物质和能量的输入、输出接近相等，结构与功能长期稳定，在外来干扰下，能通过自我调节恢复到最初的稳定状态，则这种状态可称为“生态平衡”。

为维持生态平衡，就要保持生物的多样性。生物多样性通常包括三个层次：生态系统多样性、物种多样性、遗传多样性。

生物多样性保护一般有三种方式：就地保护、迁地保护、离体保护。

建立自然保护区和国家公园，是国际上保护生物多样性所采取的最重要的就地保护形式。

自然保护区可划分为三区。

(1)核心区，是保护区的精华所在，是保护对象最集中、特点最明显的地段，需要严格保护，属绝对保护区。

(2)缓冲区，在核心区的外围，是为保护核心区而设置的缓冲地带，一般只允许进行科研观测活动。

(3)实验区，在缓冲区的外围，可以在不破坏生态环境与自然资源的前提下，进行科研、教学实习、生态旅游与优势动植物资源的开发工作。

（三）路域生态系统

路域生态系统是公路项目建成后，随着绿化和生态恢复为主的环保工程的实施，出现了一个新的生态系统，称为“路域生态系统”。系统范围之内，由公路、土壤等非生物环境因子与栖息在其中的生物因子所组成的生态系统，与外界的能量、物质和信息交流密切。它的范围，应包括公路征地范围内的用地，宽 50～70m，长数十至数百公里的地带。它的非生物环境包括中央分隔带、土路肩、上下边坡、排水沟、隔离栅、隧道、桥梁、声屏障等构造物及其周围，立交区、服务区、管理所等，还有取弃土场地、临时道路等需要复垦的土地，以及水体、空气等。

二、交通建设对生态平衡的影响及保护原则

（一）交通建设对生态环境的短期影响

(1)施工车辆穿越田间，扬尘四起，可能使果木庄稼蒙尘，花不受粉，穗不结实，农业减产。

(2)施工车辆碾压草原，造成草死沙扬，或车道成沟，逐渐形成沟壑。

为开辟施工铺道和作业场地，要清除地表植被，有可能影响珍稀物种的生长，亦会加剧水土流失。

(3)筑路员工偷闲行猎，会使公路沿线动物受到威胁。

(4)筑路改变地表排水，会使低地积水。

(5)高填深挖、隧道等地段，可能影响地下水脉，造成泉流涸段，继而影响人畜饮水，或改变表层土壤的含水量，从而使植被类型发生变化。

(6)路基开挖或堆填会改变局部地貌。深谷高山架桥打洞、劈山开道，会引发塌方滑坡,在地质构造脆弱的地带引起崩塌、滑坡等地质灾害。

(7)挖山弃土、弃石,顺坡滚滑,埋压植被;弃土、弃石随水流失,会淤塞下游河床、水库、湖泊,严重时会形成泥石流。河道架桥或填筑路基,施工场地废水溢流,会污染河水,破坏水生生物生境,有时还会使下游水源地受到影响。

(8)施工作业场地土地固化和水泥、石灰等流失先后进入土壤,影响土壤理化性能。

(二)交通建设对生态环境的长期影响

(1)道路的廊道与分隔效应。

(2)追近效应:路通则山空鸟兽尽。

(3)诱导效应:要想富先修路。

(4)水文影响。

(5)对土地利用的影响:占用耕地。

(6)生态敏感地区的影响:湿地、荒地、自然保护区、生态脆弱区。

(7)景观影响:空间连续性被破坏。

(三)保护原则

生态保护、恢复与优化的设计和工程实施时,应贯彻的原则:

(1)“工程措施与生物措施并重”的原则。

(2)“因地制宜”的原则。应根据项目周边环境状况,“适地适树,宜林则林,宜草则草,宜荒则荒”。

(3)“临时占地应不低于原生态功能”的原则。

(4)“乡土和归化植物优先、外来物种慎用”的原则。乡土和多年引种已经适应环境的归化植物可被优先采用,而外来物种引种时,则应经过专业论证和小规模实验,避免造成难以控制的生态扩散,进而造成持久的生态危害。

(5)“建设和养护并重”的原则。

三、水土流失及治理

(一)水土流失和土壤侵蚀

水土流失:指在水力、重力、风力等外营力作用下,水土资源和土地生产力的破坏和损失,包括土地表层侵蚀和水土损失。

土壤侵蚀:按照产生侵蚀的外营力和影响侵蚀过程的因素,侵蚀可分为水流侵蚀、冰川侵蚀、雪蚀、风蚀和人为侵蚀。各种侵蚀可以单独作用,也可以综合作用。就世界范围来说,对经济破坏最大的是水蚀和风蚀。

按土壤侵蚀外营力,将全国土壤侵蚀区划分为 3 个一级区(水力侵蚀为主区、风力侵蚀为主区、冻融侵蚀为主区)。

(二)交通建设项目水土流失特点

(1)侵蚀时期短而集中。土壤侵蚀对公路、航道和港口建设的影响主要集中在施工和运营初期。

(2)侵蚀类型复杂,方式多样。

(3)侵蚀发生具有潜在性和突发性。

(4)侵蚀区域差异大,强度剧烈。

(三)交通建设项目水土保持的指导方针

(1)预防为主,开发建设与防治并重。

(2)积极采用综合的工程措施及生物措施,因地制宜,因害设防。

(3)可根据其工程建设特点采取分区分散防治,重点治理与一般防护相结合。

(4)水土保持与工程建设相结合,恢复和改善工程范围内及周边影响范围的水土保持设施,保证主体工程安全运行。

(5)交通建设水土保持管理与地方水土保持管理相结合。

四、噪声的危害及治理

按照声源类别,噪声可分为交通噪声、工业噪声、施工噪声和生活噪声。

(一)噪声的危害

(1)损伤听力。

(2)造成神经衰弱。

(3)干扰睡眠、交谈、工作、思考。

(4)对视力产生影响,也会造成眼痛、视力衰退、眼花等。

(5)使人胃功能紊乱,出现食欲不振、恶心、消瘦、体质减弱等。

(6)干扰内分泌,使人体血液中油脂及胆固醇升高,甲状腺活动增强并轻度肿大。

(7)对人体心理的其他影响,主要表现为令人烦恼、易激动,甚至失去理智。

(8)对动物的影响,强噪声会使鸟类羽毛脱落、不产卵,甚至内出血,最终死亡等。

(二)噪声大小的度量

环境噪声的度量,不仅与产生噪声的物理量有关,而且还与人对声音的主观听觉感受有关。人耳对声音的感觉不仅和声压级大小有关,而且还和频率的高低有关。根据听觉特性,在声学测量仪器中,设置有"A 计权网络",测得的噪声值较接近人耳的感觉,其测得值称为"A 声级"(LA),单位为 dB(A)。

等效连续 A 声级:有时候将某一段时间内连续暴露的不同 A 声级变化,用能量平均的方法表示该段时间内的噪声大小。在评定非稳定噪声时,等效连续 A 声级尤为必要。

(三)建筑施工场地噪声标准(见表 4-1)

表 4-1　　建筑施工场地噪声标准

项　目	白天(dB(A))	夜间(dB(A))
土石方推土机、挖掘机、装载机等	75	55
打桩各种打桩机等	85	禁止
施工结构混凝土搅拌机、振捣棒	70	55
装修吊车、升降机等	65	55

(四)声屏障

常见的声屏障类型有五种。

(1)土堤结构:适用于地广人稀的区域,是最经济的减噪办法,降噪效果为3～5dB(A)。建造此类声屏障所需空地比较大。

(2)混凝土结构:适用于郊区和农村区域,易与周围自然环境相协调,价格便宜,且便于施工与维护。降噪效果为10～13dB(A)。

(3)木质结构:适用于农村、郊区个人住宅或院落且木材资源比较丰富的地区的噪声防护。降噪效果为6～14dB(A)。

(4)金属和复合材料结构:世界各国普遍使用的结构。材料易于加工,可制成各种形式,安装简便。易于景观设计和规模制造生产,降噪效果也很好。

(5)组合式结构:可根据现场条件、周围环境、景观要求和经济性决定。

声屏障的长度应大于其保护对象沿道路方向的长度。一般来讲,声屏障的外延长度应大于受保护对象到声屏障距离的三倍。

五、水质指标及水处理工艺

(一)水质指标

1.物理性水质指标

感官物理性状指标,如温度、色度、嗅和味、浑浊度、透明度等;其他物理性状指标,如总固体(TS)、悬浮固体(SS)、溶解固体、可沉固体、电导率(电阻率)等。

2.化学性水质指标

一般的化学性水质指标,如pH、碱度、硬度、各种阳离子、各种阴离子、总含盐量、一般有机物质等;有毒的化学性水质指标,如重金属、氰化物、多环芳烃、各种农药等。

3.生物学水质指标

生物学水质指标包括细菌总数、总大肠菌群数、各种病原细菌、病毒等。

(二)交通建设对水环境的影响

(1)生产废水。

(2)施工人员生活污水。

(3)吹填、抛泥、水下炸礁等。

(4)实验室污水。

(三)污水处理方法

(1)废水处理的基本原理为物理法、化学法、生物法等。

(2)自然净化处理工艺主要有污水土地处理、人工湿地、稳定塘。

(3)城市污水处理分为污水一级处理、污水二级处理、污水三级处理三个级别。一级处理又包含常规一级处理和一级强化处理,二级处理又包含常规二级处理和二级强化处理。

一级处理是指应用物理处理方法,即用格栅、沉砂池、沉淀池等构筑物,去除污水中不溶解的污染物。处理的原理是通过物理法实现固液分离,将污染物从污水中分离去除。一级强化处理是在常规一级处理(重力沉降)基础上,增加化学混凝处理、机械过滤或不完全生物处理等,以提高一级处理效果的处理工艺。

二级处理是指应用生物处理方法,通过微生物的代谢作用将污水中各种复杂的有机物氧化降解为简单的物质。处理对象是污水中的胶体态和溶解态有机物。采用的典型设备有生物曝气池(或生物滤池)和二次沉淀池。二级强化处理是指在去除污水中含碳有机物的同时,也能脱氮除磷的二级处理工艺。

三级处理是指进一步去除常规二级处理所不能完全去除的污水中的杂质的净化过程。深度处理通常由以下单元技术优化组合而成:混凝、沉淀(澄清、气浮)、过滤、活性炭吸附、脱氨、离子交换、微滤、超滤、纳滤、反渗透、电渗析、臭氧氧化、消毒等。

六、大气污染及交通建设对大气的污染及治理

(一)PM2.5

PM2.5 是指大气中直径小于或等于 2.5μm 的颗粒物,也称为“可入肺颗粒物”。虽然 PM2.5 只是地球大气成分中含量很少的组分,但它对空气质量和能见度等有重要的影响。PM2.5 粒径小,富含大量的有毒、有害物质,且在大气中的停留时间长、输送距离远,因而对人体健康和大气环境质量的影响大。

(二)交通建设对空气环境的污染

污染主要来源施工扬尘、施工车辆尾气、动力船舶机械产生的尾气、沥青烟气(扬尘和沥青烟气)。

1.沥青烟气及锅炉烟气

(1)沥青混凝土集中拌和,合理安排沥青混凝土拌和场。

(2)沥青混凝土拌和场不得选在环境敏感点上风向,与其距离应在 300m 以上。

(3)沥青摊铺时污染物影响距离一般在 50m 之内。沥青摊铺和拌和场操作人员应配备口罩、风镜等,实行轮班制,并定期体检。

2.车辆及机械尾气

(1)加强汽车维修保养,保证汽车正常、安全运行。

(2)加强对施工机械的维修保养,合理安排运行时间,发挥其最大效率。

3.运输扬尘

(1)加强运输管理,保证汽车安全、文明、按规定车速行驶。

(2)科学选择运输路线。

(3)运输道路应及时洒水,保持路面湿润。如果施工阶段对汽车行驶路面进行洒水以保持路面湿润,可以使空气中粉尘量减少 70%左右,从而收到很好的降尘效果。

(4)粉状材料应罐装或袋装,粉煤灰采用湿装湿运。

4.灰土拌和、水泥混凝土拌和扬尘

(1)灰土和水泥混凝土采用集中拌和,采用先进的拌和装置,配套除尘设备。

(2)封闭装罐运输。

(3)尽量减少拌和场。灰土拌和应尽可能采取设置集中灰土拌和场方式进行拌和,不得选在环境敏感点上风向,与其距离应在 300m 以上。以避免扬尘对环境敏感点的直接影响。

(4)拌和场为操作人员配备口罩、风镜等,实行轮班制,并定期体检。

5.堆场扬尘、锅炉烟气

(1)粉状建材堆放地点选在环境敏感点下风向,距离100m以上。

(2)遇恶劣天气加篷覆盖。

(3)控制堆存量并及时利用,必要时设围栏,或洒水防尘。

锅炉选型应采用燃油、燃气等清洁能源锅炉,局部地区若需使用燃煤锅炉的,其燃料组成应符合国家相应的产业政策。

七、固体废物及交通建设固体废物的处理

(一)固体废物的概念

固体废物指在生产、生活和其他活动中产生的丧失原有利用价值或者虽未丧失利用价值但被抛弃或者放弃的固态、半固态和置于容器中的气态的物品、物质以及法律、行政法规规定纳入固体废物管理的物品、物质。

从广义上讲,固体废物包括所有经过使用而被弃置的固态或半固态物质,甚至还包括具有一定毒害性的液态或气态物质。

(二)固体废物的危害

(1)占用土地,污染土壤。

(2)污染水体。

(3)污染大气。

(4)影响环境卫生。

(三)生活垃圾的处理

(1)厨房垃圾可收集外运养殖,废旧电池、日光灯管、硒鼓等属于危险废物,需分类收集后运至专门的地点处理。

(2)废纸、包装盒、塑料等可回收。

(3)粪便可进入污水处理,或进行堆肥处理。

(4)对生活垃圾资源化处理的关键是分类收集。

(四)交通建设过程中产生的废料的处理

1.弃渣等的处理

(1)隧道弃渣、路基弃渣可尽量用于填筑路基或房基。

(2)钻孔泥浆可经沉淀、干化处理后运至弃渣场。

(3)清表表土可收集后用于后期土地复耕或绿化。

(4)清表草被可采用堆肥处理后,用于肥田或工程绿化。

2.沥青废料的处理

对公路改扩建工程产生的沥青废弃料,应尽量采用。沥青冷(热)再生技术进行回收利用,主要包括:

(1)厂拌热再生技术。

(2)就地热再生技术。

(3)厂拌冷再生技术。

(4)就地冷再生技术。

(5)乳化沥青冷再生混合技术。

(6)泡沫沥青冷再生技术等。

综合实训

某隧道长 3.5 km,采用沥青混凝土路面,请制定路面施工的环保方案。

任务二　公路施工环境保护措施

教学目标	能力目标	1.能够认知环境保护的依据及目标。 2.能够在公路工程施工中进行环境保护。 3.能够进行环保工程的施工。
	素质目标	培养学生利用所学知识解决具体问题的能力。
	知识目标	1.熟悉环境保护的依据及目标。 2.掌握公路施工对环境保护的影响及防治措施。 3.掌握环保工程的内容及施工控制措施。

教学方案:利用案例,结合安环保相关知识在具体工程中的应用进行讲授,以加深学生的印象,增强教学效果

知识介绍

一、环境保护的依据及目标

(一)工程环境保护的依据

(1)国家有关的法律、法规。

(2)国家有关的条例、办法、规定等。

(3)地方性法规、文件。

(4)国家环境标准。

(5)公路水运工程标准规范。

(6)环境影响评价和水土保持报告及批复、环境行动计划等(重要依据)。

(7)工程设计文件。

(8)监理合同、施工合同以及有关补充协议(直接依据)。

(9)施工过程中的会议纪要、文件。

(二)环境保护的目标

环境保护的目标主要有以下 4 个方面:

(1)主体工程施工过程中的噪声(振动)、废气、污水、固体废弃物等排放达到国家相应标准。

(2)生态环境保护、水土保持等措施符合建设项目环境影响评价文件和水土保持方案的要求。

(3)声屏障、绿化、污水处理等环保工程设施施工符合相应规范和合同规定。

(4)施工期不发生重大环境污染和生态破坏事件。

(三)环境达标要求

任务:保护生态环境,控制污染排放。

范围:施工现场、工作场地、生活营地、施工道路、料场和取弃土场、办公区及附属设施、敏感区等。

内容:噪声、废气、污水、固废等排放达标,施工过程符合敏感区环保要求。

(四)施工中定期监测的项目

(1)空气质量:NO_2、CO、TSP、SO_2。

(2)地表水水质。一般监测项目有pH、悬浮物(SS)、化学需氧量(COD)、生物需氧量(BOD)、氨氮、石油类等6项。根据工程实际情况,还可视需要监测水温、色度、重金属、总磷(TP)、总氮(TN)、砷(As)、氰化物、挥发酚、活性剂(LAS)、硫化物、溶解氧(DO)等项目。

二、公路施工对环境保护的影响及防治措施

(一)临时施工道路的环保要点

(1)注意临时施工道路的开辟和修筑以及运输车辆的行驶造成的破坏。

(2)对于施工道路边界上可能出现的土质裸露边坡,应有临时防护设施。

(3)施工便道属临时性质工程,载重汽车来往频繁,容易损坏,应及时修补以保持平整,如设立施工道路养护、维修专职人员,随时保持运行状态良好,减少扬尘污染。

(4)运输车辆行驶产生的扬尘影响植物(作物)正常的繁殖和发育过程,应通过路面硬化处理以及定期清扫、洒水抑制扬尘,使路面始终保持湿润。

(5)施工噪声应当符合国家规定的施工场界排放标准[该阶段施工场界噪声的限值为昼间75dB(A),夜间55dB(A)]。

(6)施工结束后,必须恢复临时占用土地原有的土地利用功能。对现场初始的地形地貌、地表植被等自然特征,应有客观的文字描述和完整的影像记录,以作为将来进行恢复的依据和参考。

(二)临时材料堆放场对环境的影响及环保要点

(1)对临时借地范围要有明确的边界,对现场初始的地形地貌、地表植被等自然特征应有客观的文字描述和完整的影像记录,作为将来进行恢复的依据和参考。

(2)水泥、石灰、矿粉等存放点地面应做硬化处理,硬化处理前应剥离地表熟土,并集中保存。施工结束后,去除硬化地面,将保存的熟土回填,并恢复初始地表植被。

(3)材料仓库和临时材料堆放场要防止物料散漏污染。仓库四周应有疏水沟系,防止因雨水浸湿,引起物料流失。

(4)沥青、油料、化学物品等不堆放在民用水井及河流湖泊附近,并采取措施,防止因雨水冲刷等进入水体。

(5)水泥和混凝土运输应采用密封罐车。

(6)多风天气(或大风来临前)应注意对物料加以覆盖,减少扬尘。

(7)石灰石、电石、雷管、炸药等不得露天堆放,炸药应有专门的仓库。

(三)生活垃圾的环保要点

生活垃圾堆放点应选择30m范围内无生活用水和渔用水体的废弃沟凹或废弃干塘。

堆放点应无直通沟道与邻地相通。不得向垃圾点内排放生活污水。垃圾箱和垃圾临时堆放点地面应做硬化处理,周边应保持清洁,并做到每日清运。

生活垃圾应分类收集,电池必须由相关单位回收处理。为防止生活垃圾的二次污染,垃圾箱和垃圾运输车均应采用封闭式。

(四)临时性污水处理设施的环保要点

为收集与处理由临时驻地的住房、办公室、其他建筑物和流动性设施排放的污水,应要求建设方在合适的地点修建容量适当的临时污水处理池,建有化粪池或其他能满足要求的系统,并予以管理、维护。

污水不得排入《地面水环境质量标准》(G 3838—2002)中所规定的I、II类水域;排入其他水域时,必须符合相应的水质标准,不符合时要进行水质处理,如油污水应进行隔油处理。

(五)噪声控制要点

(1)在空间允许的条件下,应将生活、办公及实验区设置在离开噪声敏感点如居民点、学校等200m以远的区域。

(2)监理人员应对各生活、办公及实验区内的主要噪声源进行管理,建立档案,并提出隔声、消声、减振等降噪措施,进而监督执行效果。

(3)较大的通风管道安装消声器或采取管壁阻尼减振,管道穿墙(或支撑)处应采用避振喉(或避振吊钩)。

(4)在日常巡视过程中,监理人员应配置噪声仪,在场界四周进行即时监测,噪声标准参照昼间70dB(A)、夜间55dB(A)执行。

(六)钻孔灌注桩基础环境保护

1.泥浆制作

(1)必须设置泥浆沉淀池,用于储存将来使用后废弃的泥浆,场地周围设计必要的拦挡措施,防止溢流。泥浆池应尽量选在不宜外溢的地段。

(2)当现场没有可以利用的低洼地时,应自行挖掘或砌筑泥浆池。

(3)泥浆池周围应设置良好的排水系统,以免雨水过大而造成泥浆外溢破坏当地环境。

2.钻孔施工

(1)钻孔桩必须设置泥浆沉淀池,不得将泥浆直接排入河水或河道中,经沉淀后上清水排放,减小悬浮固体的排放量。大型桥梁通常利用钢护筒作泥浆储备周转,并采用泥浆过滤设备,清除残渣。

(2)废弃的钻孔泥浆以及其他废弃物,应运至事先准备的沉淀池临时储存,待吹干后,运往指定的弃渣场进行永久处置,避免由于水土流失或可能的有毒盐土风化等因素造成农田和水系污染。弃渣不得弃于河道或河滩地,以防抬高河床,淤塞河道。

(3)在水上钻孔时,一般应采取平台施工。应在平台上焊挂钢箱作为泥浆池,应配备专用的泥浆船,用作造浆循环池及废弃泥浆的运输。采取围堰或筑岛施工时,应及时对围堰和筑岛进行清理,以免破坏水体环境,并影响行洪。

(4)海底钻孔施工应采用泥浆船,沼泽湿地钻孔施工应采用泥浆钢箱,以确保泥浆完全不会溢出。

(5)应对施工机械及船只进行严格检查,防止油料泄漏,严禁将废油、施工垃圾等随意抛入水体。

(6)挖孔桩施工时,应选择合适的孔壁支护类型。挖孔时,应注意施工安全。

三、环保工程的内容及施工控制措施

(一)环保工程的任务与范围

环保工程的任务:保证环境保护专项工程的实施。

环保工程的范围:水污染防治工程、噪声控制工程、水土保持绿化工程、土地复垦工程等。

(二)环保工程的主要内容

(1)生态破坏治理、恢复与优化工程。

(2)噪声控制工程。

(3)水污染和环境风险控制工程。

(4)固体废物污染控制工程。

(5)环境空气污染控制工程。

(三)坡面土保持生物措施

1.常用的坡面土保持生物措施

生物措施主要有人工播种、铺草皮、植生带护坡、土工格室植草、藤本植物护坡、液压喷播、客土喷播等。

2.客土喷播

客土喷播是在岩石边坡等场地整备后,将土壤和种子等的混合物喷植于场地表面的生态恢复工程,适用于不同风化程度的岩石边坡或其他难以采用常规种植技术施工的场地。

多种材料的混合物中,团粒剂使客土形成团粒化结构,加筋纤维在其中起到类似植物根茎的网络加筋作用,从而造就有一定厚度的具有耐雨水、风侵蚀,牢固透气,与自然表土相类似或更优的多孔稳定土壤结构。

3.绿化工程验收基本要求

(1)绿地表面平整,排水良好,杂草处于有效控制之内。

(2)乔、灌木的成活率应达到95%以上,珍贵树种和孤植树应保证成活。

(3)坡面或边坡草地覆盖率按年度要求,不应小于70%或相关设计要求。

(4)苗木、草坪无明显病害。

(5)植物整形修剪应符合设计要求。

(6)中央分隔带的苗木修剪后的高度应为1.4～1.6m,栽植的株、行距合理,应满足防眩功能的要求,不得影响交通安全。

四、环境保护工程评价与验收

(一)环境影响评价

影响评价指对规划和建设项目实施后可能对环境造成的影响进行分析、预测、评估,提出预防或减少不良影响的对策与措施,并进行跟踪监测的方法和制度。法律中规定了规划环境影响评价和建设项目环境影响评价两项基本内容。交通建设项目环境影响评价属于建设项目环境影响评价的范畴。

(二)环境影响评价的审批时间

建设单位应当在交通建设项目可行性研究阶段报批交通建设项目环境影响评价文件。经交通环境保护机构审核,并经有权审批的环境保护行政主管部门同意,可在初步设计完成前报批交通建设项目环境影响评价文件。不需要进行可行性研究的交通建设项目,建设单位应当在交通建设项目开工前报批交通建设项目环境影响评价文件。

建设单位应当在报批建设项目环境影响评价报告书前,举行论证会、听证会、公示,或采取其他形式,征求有关单位、专家和公众意见。

交通建设项目环境影响评价文件经批准后,建设项目的性质、规模、地点、采用的施工工艺发生重大变动或者超过五年后开工建设的,应当重新办理报批手续。

(三)环境保护的验收条件

对环境保护验收条件的规定,主要包括以下方面:

(1)建设前期审查、审批手续完备,技术资料与环境保护、水土保持档案资料齐全。

(2)环境保护设施、水土保持设施及其他措施等已按批准的环境影响评价文件、水土保持文件和设计文件的要求建成或者落实。

(3)环境保护设施安装质量符合国家和有关部门颁发的专业工程验收规范、规程和检验评定标准。

(4)具备环境保护设施正常运转的条件,包括:经培训合格的操作人员,健全的岗位操作规程及相应的规章制度,原料、动力供应落实,符合交付使用的其他条件。

(5)污染物排放符合环境影响评价文件中提出的标准及核定的污染物排放总量控制指标的要求。

(6)各项生态保护措施按环境影响评价文件规定的要求落实,项目建设过程中受到破坏并可以恢复的环境已按规定采取了恢复措施;水土保持指标满足水保要求。

(7)环境监测项目、点位、机构设置及人员配备,符合环境影响评价文件和有关规定的要求。

(8)环境影响评价文件提出需对环境保护敏感点进行环境影响验证、施工期环境保护措施落实情况进行工程环境监理的,已按规定要求完成。

(四)环境保护的验收范围

(1)与交通建设项目有关的各项环境保护设施,包括为防治污染和保护环境所建成或配备的工程、设备、设施和监测手段以及各项生态环境保护设施;与交通建设项目有关的各项水保设施。

(2)环境影响评价文件和有关项目设计文件规定应采取的其他各项环境保护措施,水土保持文件和有关项目设计文件规定应采取的各项水土保持措施。

(五)环境保护的验收规定

(1)交通建设项目竣工后,建设单位应当向审批该建设项目环境影响报告书、环境影响报告表或者环境影响登记表的环境保护行政主管部门,申请该建设项目需要配套建设的环境保护设施竣工验收。

(2)环保设施竣工验收,应当与主体工程竣工验收同时进行。需要进行试生产的建设项目,建设单位应当自建设项目投入试生产之日起 3 个月内,向审批该建设项目环境影响报告书或者环境影响报告表的环境保护行政主管部门,申请该建设项目需要配套建设的环境保护设施竣工验收。

(3)进行试生产的项目,建设单位应当自试生产之日起 3 个月内,向有审批权的环境保护行政主管部门申请该建设项目竣工环境保护验收。对试生产 3 个月却不具备环保验收条件的项目,建设单位应当在试生产的 3 个月内,向有审批权的环境环境保护行政主管部门提出该建设项目环境保护延期验收申请,说明延期验收的理由及拟进行验收的时间。经批准后业主方可继续进行试生产,试生产的期限最长不超过 1 年。

综合实训

根据以下案例完成实训内容。

典型案例:某大桥环境保护方案。

一、环保管理方案

所建桥地处市区,环境保护非常重要,施工过程中我公司将严格按照有关要求做好环境保护措施。在项目施工过程中,根据现场布置情况,结合相关环保法规,编制详细的环境保护施工组织设计,并报监理工程师审批。

二、环境保护管理体系

建立以项目经理为主要责任人、标准化文明管理小组为实施机构的环保管理体系,项目施工过程中的环保体系主要以相关部门为主管部门建立(见图 4-1)。

项目经理部与当地环保部门协调配合,按照地方环保部门及公司的各项要求,设立专职环保人员,建设环保设施。加强施工现场环保管理,各级作业队设立环保负责人,对危险源、污染源按照公司管理体系文件要求进行处理。

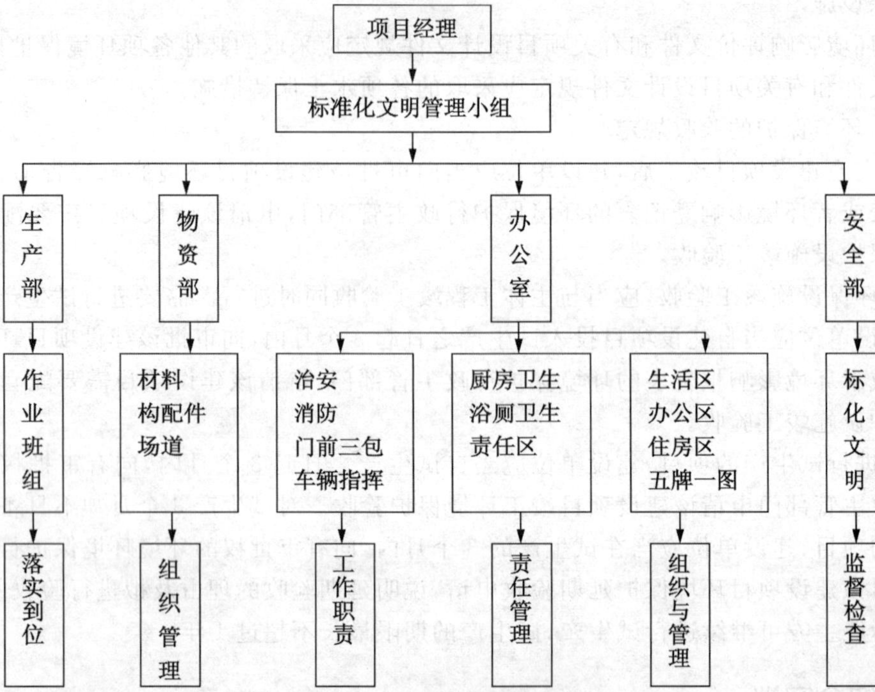

图 4-1　环保管理体系框图

三、环境保护措施

按照《中华人民共和国环境保护法》以及地方法规、行业企业要求，并遵照执行我公司通过认证的 GB/T 24001-2004-ISO14001 环境保护体系文件要求，坚持“预防为主，防治结合”的方针，确保施工现场环保满足要求。

(一)组织措施

实行环境目标责任制。经理部、安全环保部门负责施工现场环境的监督检查工作，督促指导相关部门和施工队伍在施工过程中的环境保护工作，经理部每月定期组织一次安全环境大检查。

保护和改善施工现场的环境，进行综合治理。与当地环卫局等部门联系，确定环保配套设施，对施工现场环境进行综合治理。

(二)技术措施

1. 防止大气污染

(1)使用散装水泥时，要将散装水泥及粉煤灰存放在筒仓内，防止飞扬，袋装水泥存放库内。现场搅拌设备安设除尘装置。

(2)柴油机废气的排放按国家排放标准控制。临时食堂和开水房使用汽化油作燃料，避免烟尘污染。

(3)施工现场垃圾渣土及时清理出现场，运到指定区域。

(4)除设有符合规定的装置外，禁止在施工现场焚烧有毒、有害烟尘和恶臭气体的物质。

2.防止水污染

(1)灌注桩的废弃泥浆、钻渣要运到指定地点排放。

(2)生活、生产污水以及生活垃圾必须集中处理,不得随意排放。

(3)施工现场的生产和生活污水采用两级沉淀措施后,排出场外下水道。

(4)现场存放油料的库房,必须进行防渗漏处理。储存和使用都要采取措施,防止跑、冒、滴、漏,污染水体。

3.防止土地污染

(1)钻孔灌注桩施工废弃泥浆外运指定地点排放。

(2)建筑垃圾、生活垃圾固定地点堆放,及时清理,生活垃圾进行必要的生化处理后排放。

(3)所有临时工程及临时设施、临时弃土都要在工程全部完工后清除并恢复原貌,占用耕地时,需清理平整,利于复耕。

(4)项目经理部、生产场地做好排水设施,雨季来临前对排水系统进行疏通,防止对水土造成冲刷流失。

4.防止噪音污染

在施工过程中应尽量减少扰民的噪音,对容易产生噪音的钢筋加工、搅拌机、砼振动棒、模板拆除等,采取以下措施,降低或冲减噪音声源。

(1)钢筋加工场远离宿舍区,并尽量在白天进行加工。

(2)避免砼振动棒与模板和钢筋接触。

(3)模板拆除时应轻拆轻放,以减少碰撞。

(4)施工现场指挥生产时,采用无线电对讲机既可进行工作联络,又可减少人为的叫喊声。

(5)合理安排打桩等作业,采取技术措施减少噪声的排放,制定噪音监测计划,绘制测噪点平面布置图。

5.防止资源、能源浪费

(1)每月进行水电能源等的消耗分析并记录,根据消耗改进管理方式或控制措施。

(2)优化施工工艺,最大限度地节约办公用品、施工原材料,减少能源消耗及浪费。

环保具体措施如表 4-2 所示。

表 4-2　　　　环保具体措施表

目标	指标		措施	责任部门/人
污染排放物达标	噪声	噪声排放控制在《建筑施工场界噪音限值》之内	购置一台声级计，每月对场界噪声进行一次测量	生产安全部
			绘制现场噪声测点布置图	生产安全部
			若发现噪声排放超标，及时组织有关部门制定控制措施	生产安全部
			对发电机等超标噪声源采取隔音措施	物资机械部
			维修、保养机械设备，使机械设备处于良好的工况	物资机械部
			模板加工、震桩作业尽量安排在白天	各施工队
	污水	达标排放	设置施工、生活污水排放系统	物资机械部、经理办
			设置沉淀池	经理办
			定期清理排污系统及沉淀池	各施工队
			设置三级化粪池	经理办
			每一工作日对施工现场的环境保护工作进行巡查	生产安全部
			每月组织一次环境大检查，对查出的“不符合”做到定人、定措施、定期限进行整改，对于整改不力的单位(或个人)进行经济处罚	生产安全部、经理办
			对于出现的“不符合”及时整改，在施工中避免对环境构成污染，并督促本作业队人员注意保护环境，提高作业人员的环保意识	班组长
			请地方环保部门进行指导、监测	经理办

续表

目标	指标		措施	责任部门/人
污染排放物达标	粉(烟)尘	目测无黑烟、无粉尘	施工便道定期用洒水车洒水	物资机械部
			现场水泥入库或严密覆盖	拌和站
			请地方环保部门进行指导、监测	经理办
	生活、施工垃圾(三废)	倾倒在地方环卫部门指定地点	设置临时垃圾回收点	经理办
			招聘两名清洁工人	经理办
			每天清除或隔日清除	经理办
			施工后废弃的泥浆、钻渣运至指定地点排放	生产安全部
	卫生防疫	合格	每月对生活区和施工现场进行消毒	经理办
			每年对职工进行体检	经理办
			每两个月向职工发放一次卫生保健物品	经理办
最大限度地节约能源资源	生活区、办公区能源控制	控制在每月计划用水量范围之内	加强生活区、办公区用水管理,定期对水管进行检查,发现漏水现象及时修复;每月进行用水量分析,提出下月控制措施并执行	经理办
		控制在每月计划用电量范围之内	禁止长明灯或使用大功率家用电器,对公共场所照明设管理责任人;每月进行用电量分析,提出下月控制措施并执行	经理办
		控制在计划用纸量范围之内	优化管理,能双面打印的双面打印、复印,废纸再用;外部、内部打印、复印进行登记	经理办
	施工区能源、资源控制	所有资源控制在国家、行业以及投标文件所规定的定额之内,并逐步降低损耗	(水泥)优化砼配合比、加强库房管理	物资机械部、实验室、
			加强施工区用水用电管理,每月进行用水量分析,提出下月控制措施并执行	物资机械部
			(沙石、水泥等)加强库房、料场管理	物资机械部、拌和站
			(钢材、焊条等)加强现场管理、提高钢铁等物资的利用率	物资机械部
			定期进行物资工作检查,对于查出的问题做到定人、定措施、定期限进行控制管理	物资机械部

根据以上案例,编制青岛跨海大桥的环保施工方案。

附录　各单位主要安全生产管理资料

附表 A.1　　建设单位主要安全生产管理资料

类　别	内　容
安全生产组织与管理	工程项目安全生产领导小组成立文件、组织机构图 安全生产领导小组成立文件、组织机构图 管理人员名册、各岗位职责资料 相关人员资格材料 各类经济合同(有安全指标的) 各类上级主管部门、企业本部等单位安全方面文件台账 安全生产目标和考核指标 安全例会纪要、安全生产其他专题会议纪要
安全生产责任制及考核	工程项目安全生产责任书 工程项目安全生产总目标 安全生产责任书、安全生产责任制考核奖惩资料
安全生产管理制度	建设单位安全生产制度汇编
安全生产条件审查类	施工单位安全生产许可证等资质台账及资料 施工单位“三类人员”台账及资料 监理单位安全监理人员台账及资料
安全检查类	安全事故隐患排查、登记、整改和验收销号记录 安全日常检查和整改记录 上级部门的安全检查通报或整改文件
安全生产专项费用管理类	安全生产专项费用使用计划资料 安全生产专项费用明细及支付凭证
“平安工地”考核评价类	考核评价自评表及相关材料

续表

类别	内容
安全生产应急管理类	项目总体应急预案 应急救援预案演练记录 安全生产事故台账
安全教育类	安全培训教育计划 安全教育记录 年度培训考核记录
其他法律法规规定的资料	

附表 A.2 监理单位主要安全生产管理资料

类别	内容
安全生产组织与管理	安全生产领导小组成立文件、组织机构图 监理人员名册、各岗位职责资料 总监理工程师、安全监理工程师相关人员资格材料台账及材料 各类经济合同(有安全指标的) 各类上级主管部门、企业本部、建设等单位安全方面文件台账 安全生产目标和考核指标 安全生产监理计(规)划和监理细则 安全例会纪要以及其他安全生产专题会议纪要 安全监理台账 安全监理日志
安全生产责任制及考核	安全生产责任书、安全生产责任制考核奖惩资料
安全生产管理制度	安全生产制度汇编
安全生产条件审查类	施工单位安全生产许可证等资质台账及资料 施工单位“三类人员”台账及资料
安全检查类	安全事故隐患排查、登记、整改和验收销号记录 安全日常检查和整改记录 专项安全检查计划及相关资料 上级部门的安全检查通报或整改文件 隐患通知单及隐患整改回复单等
“平安工地”考核评价类	考核评价自评表及相关材料
安全生产专项费用审查类	审查安全生产专项费用使用计划资料 审查施工单位安全生产专项费用明细及支付凭证资料

续表

类别	内容
安全技术措施和专项方案审查类	审查施工组织设计的安全技术措施资料 审查各类专项施工方案资料 审查临时用电组织设计资料
安全教育类	安全培训教育计划 安全教育记录 年度培训考核记录
其他法律法规规定的资料	

附表 A.3　　施工单位主要安全生产管理资料

类别	内容
安全生产组织机构	安全生产领导小组成立文件、组织机构图 管理人员名册、各岗位职责资料 安全生产许可证等资质材料、证书原件或复印件 “三类人员”进出场管理台账、证书原件或复印件
安全生产责任制及考核	安全生产责任书、安全生产责任制考核资料
安全生产管理制度	施工单位安全生产制度汇编 各工种安全技术操作规程
安全生产管理类	各类经济合同(有安全指标的),包括与分包或租赁单位签订的分包协议及安全合同等 各类施工手续 各类上级主管部门、企业本部、建设等单位安全方面文件台账 安全生产目标和考核指标 安全例会纪要以及安全生产其他专项会议纪要 项目负责人带班计划及相关资料 施工安全日志
安全技术类	施工组织设计的安全技术措施 各类专项施工方案 超过一定规模危险性较大分部分项工程专项施工方案的专家论证资料 临时用电组织设计(临时用电专项方案)
安全检查类	安全事故隐患排查、登记、整改和验收销号记录 安全事故隐患排查治理方案 安全日常检查和整改记录 专项安全检查计划及相关资料 上级部门的安全检查通报或整改文件

续表

类 别	内 容
"平安工地"考核评价类	考核评价自评表及相关材料
安全生产专项费用类	安全生产专项费用使用计划资料 安全生产专项费用明细及支付凭证资料
施工机械管理类	施工机械分类管理台账及出场合格证、检验验收、安装拆除等资料 施工机械保养、维修记录 特种设备台账以及出场合格证、检验验收、安装拆除等资料 特种设备保养、维修记录
安全防护用品及消防类	安全用品台账 领取、更换、报废台账 消防器材台账、消防器材分布图
危险品管理类	危险品台账 管理人员相关资格证明材料 领取、使用、位置等资料
风险管理类	危险源辨识、重大危险源登记、监控管理方案等资料 风险评估报告 危险告知书等资料
技术交底类	安全生产管理技术交底书及记录 各工种安全技术交底书及记录 危险性较大分部分项工程安全技术交底书及记录 施工现场临时用电技术交底书及记录 采用新工艺、新技术、新材料的安全交底书及记录
安全教育类	安全培训教育计划 安全教育记录 施工管理人员年度培训考核记录 新入场人员三级安全教育考核记录 专职安全员年度培训考核记录 特种作业人员培训考核记录 班前安全活动记录
人员管理类	全员劳动用工登记及信息资料 特种作业人员台账、从业资格证原件或复印件 意外伤害保险

续表

类　别	内　容
应急预案类	施工合同段总体应急预案 专项应急预案 现场处置方案 应急救援预案演练记录 安全生产事故报告台账
安全标志类	施工现场安全标志布置总平面图 分阶段现场安全标志布置平面图 施工现场消防设施布置图
其他法律法规规定的资料	

主要参考文献

[1]交通运输部工程质量监督局.公路水运工程施工安全标准化指南.北京:人民交通出版社, 2013

[2]张小琴.公路施工现场安全技术管理.北京:人民交通出版社, 2013

[3]中国交通建设监理协会.交通建设工程施工环境保护监理.北京:人民交通出版社,2012

[4]中国交通建设监理协会.交通建设工程安全监理.北京:人民交通出版社,2012

[5]任宏.建设工程施工安全管理.北京:中国建筑工业出版社,2006

[6]李在卿.十大危险源的辨识与风险评价.北京:中国标准出版社,2006

[7]文德云.公路施工安全技术.北京:人民交通出版社,2003

[8]蔡志洲.交通建设项目环境影响评价方法与案例.北京:化学工业出版社,2006

[9]戴明新.公路环境保护手册.北京:人民交通出版社,2004

[10]江玉林,张洪江.公路水土保持.北京:科学出版社,2008